大眾心理學堂 PP004

選擇心理學，教你做對每個決定

60則生活實例運用，不再選錯而懊悔

人はなぜ、「そっち」を選んでしまうのか

內藤誼人——著
駱香雅——譯

方言文化

第3章 生活中各項決定，如何做出最佳抉擇？

第4章 善用大腦錯覺，誘導選購的行銷絕招

第5章 異性交往，怎麼選最速配、不懊悔

第6章 運用選擇心理學，提升競爭優勢

前言

早一步學會，重大決定不失誤

正在翻閱本書的各位，是否覺得你的各種決定都是自己選擇的？認為是在完全的自由意志之下，經由自身判斷才採取行動？如果你是這麼想的，那就大錯特錯了！

絕大多數的人都是在「自己也不知道的狀態下」，因無意識的心理作用決定了我們的行為。

假設你走在未知的街道上，完全搞不清楚哪個方向才能到達目的地，隨後來到一個分岔路口，此時一定會猶豫究竟該往左走呢？還是要選右邊這條路？其實心理學家能夠準確地猜中你心中所想——答案是「左邊」的道路。

當我們選擇人生伴侶時亦是如此，或許大家會認為：「不會吧！事關自己的結婚對象，應該會認真挑選！」但事實並非如此，若是當時還搞不清楚自己內心的想法，就會受到引導而將「某人」設定為結婚對象。由此可知，我們會因為「無意識的心理作用」以及強力誘導之下做出選擇。

此外，心理學家還能夠推測個人電子信箱，甚至是信用卡的密碼。或許你會認為：「什麼！密碼是自己決定的吧！」、「被別人輕易猜出密碼會產生很多問題耶！」但身為心理學家是真的能夠辦到，其實我也是很無奈……。

我想透過本書闡述的是——跟人類行為有關的各種判斷及決定其實都可推測；為何自己以往會做出這種行為，這些令人匪夷所思的現象，我相信在閱讀本書之後，你就能理解自己的行為及選擇。

「原來如此，只要是人都會做出這種選擇啊！」如果大家能藉由此書一窺人類心理世界，這將是我莫大的榮幸。話不多說，就讓我們繼續看下去！

内藤誼人

第一章

如何讀懂對方？只需看他「怎麼選」

迷路時，會往「右」還是「左」？

假設你到山上露營時，不知為何誤入人煙罕至的地方。其實正確的做法是待在原地，但我能明白無論如何都想要回到原處是人之常情。

只不過一旦開始往前走，大家幾乎毫無例外都會選擇往「左」走。假使很幸運地剛好猜對方向也就罷了，萬一露營場地是位在右邊的道路，你只會漸漸走往深山裡！

人為什麼會往左邊走呢？原因就在於即便我們想要直走，最終一定會靠向左邊。如果你不相信，不妨可以試著遮住眼睛往前走。大部分的人應該走不到十公尺便會靠向左側；游泳時也是相同情況，只要在非刻意的狀態下，人都會漸漸偏往左邊。

日本兵庫縣的警察曾經分析過飛車搶劫犯的行為模式，據說大約有八成

的犯人在逃跑時會選擇「左轉」──出自《被鯊魚攻擊時敲打牠的鼻》（サメに襲われたら鼻の頭を叩け）。

此外，我們也透過許多心理學數據證實人有「向左」的傾向──根據東北大學名譽教授加藤孝義先生的《空間感覺心理學》（空間感覚の心理学），證實下列兩項實例──

- 用繩子綁著呈鐘擺狀擺動的籃球，在快撞上之前，有七五％的人會立即往左側閃躲。
- 站在書店的二樓往三樓觀察，六五．六％的人在抵達三樓後會選擇左轉。

依據心理學家的推測，當汽車突然衝過來時，人會立刻向左側閃躲；在超市購物時，顧客的行走路線呈逆時針方向。

然而，人類為何會偏向「左側」的機制至今仍不清楚。有一個說法是，由於心臟並非位於身體正中央而是微微偏左，身體的重心便容易偏向左側，因此人們習慣靠向左邊。

另一種說法是，許多人慣用右腳，且右腳著地後的力道較強，因此行走時容易偏向左邊。雖然目前仍不清楚箇中機制，但人類習慣「往左」是不爭的事實。

話說回來，當你玩剖西瓜遊戲時，只要提醒自己「往前走時稍微往右一點」，應該就能夠維持筆直的路線。雖然是看似無關緊要的冷知識，只要記住這個小撇步，你便能成為剖西瓜遊戲的高手！

POINT

迷路時，人會無意識地選擇左邊的路。

「慣用手」能得知他人喜好

假設這裡有一張插圖，左側是斑馬、右側是大貓熊。接下來，請各位思考自己是喜歡斑馬還是大貓熊。

先不管插圖畫得好壞與否，就用自己的「直覺」印象決定，雖然這跟心理測驗無關，不過答案會依自己是左撇子或右撇子而出現差異。

就結論而言，右撇子應該會選擇大貓熊，而左撇子會選斑馬吧！換句話說，如果事先知道對方是右撇子，心理學家便能夠預測他會選擇大貓熊。

為什麼會這樣呢？因為右撇子的人喜歡「配置在右邊的物品」；而左撇子的人容易對「左邊的東西」產生好感，這是透過心理學證實的結果。

史丹佛大學（Stanford University）丹尼爾．卡薩珊特（Casasanto, D.）聚集許多右撇子及左撇子的人，將這張插圖拿給他們看，並詢問受訪者喜歡哪個動物。此外，他也在實驗前確認過所有受試者當中喜歡大貓熊與斑馬的人數幾乎差不多，最後根據卡薩珊特的研究數據顯示——

- **右撇子：有六七％的人選大貓熊**
- **左撇子：有七四％的人選擇斑馬**

參考此項研究數據，當各位到餐廳點餐時，便能推斷右撇子的人可能會挑選菜單右側頁面的餐點；左撇子則是會點菜單左側。

事實上，餐點照片看起來是否美味、相片大小等因素也會影響你的決定。假使排除這些差異因素，就某個程度而言應可預測——人會因為自己的慣用手而選擇什麼樣的餐點。

POINT

右撇子較喜歡右邊的物品；左撇子則是偏好左邊的東西。

女性特有習慣為何？

如果在路上看到將購物袋抱在胸前的女性，不妨稍微觀察一下她懷中的購物袋是偏向右邊還是左邊，但我想應該是偏左側；在辦公室看見抱著文件的女同事，仔細觀察她的動作，想必也是將文件抱在左側吧！

說起來很不可思議，女性抱著物品時會靠向心臟的方向，因此會靠近身體左側。因此大部分的母親在抱嬰兒時，會將寶寶的頭靠向身體左側——關於抱嬰兒的方式，最常見的說法是靠近左側時，嬰兒可以聽到母親的心跳聲，具有安撫寶寶等功效。

美國韋恩州立大學（Wayne State University）歐內斯特・阿貝爾（Abel, E. L.）曾經分析並統計寵物雜誌上抱著小狗的男女模特兒照片，結果顯示一八七張相片當中，有六九%的女性就如同抱著嬰兒一般，將懷中小狗靠向左側。然而這似乎是女性獨有的傾向，男性卻不會這樣做。

目前推斷的可能性是，用左手抱著物品時可空出慣用的右手，便於從事其他作業。但如果這項假設成立，為何男性卻沒有這個傾向，目前我們並不清楚箇中原因。

原本女性就具備母愛的本能，認為抱嬰兒時最好偏向左邊，但是抱著其他物品的時候是否也受此影響便不得而知。

此外，假使是性格上帶有女性特質的男性，當他抱著物品時是否也會偏向左邊？由於尚未驗證過，因此也無法確定。

POINT

女性抱著東西時，會如同抱嬰兒般將物品偏向左邊！

如何看出對方真心話？

我們的真心話或情感會明顯表現於左半臉。

沙克漢（H.A.Sackheim）於一九八七年《科學》期刊發表的論文，亦曾提到感情會強烈地表現在顏面左半部——出自「前原勝矢」《右撇子、左撇子的科學》（右利き・左利きの科学）。

如果想要解讀人心，不是觀察對方的整體表情，而是專注地看他的「左半臉」，因為這樣比較容易猜出對方的想法。

人們有時不太會顯露自己的真實情感，盡可能保持面無表情；或是明明不太有趣的事，卻為了討好他人而擠出笑容。但只要留意對方的左臉，就能夠看出他的真心話。

雖然我們能夠理性地掌控臉的右半部，但左半部不太能自我控制，且由於左半部掌管感情，因此無法發揮理性的功能。即使想努力控制表情，但左臉就是不容易隨心所欲。

觀察左臉能夠準確地看穿對方的真實情緒——即便右臉堆滿笑容，但左臉依舊是皮笑肉不笑的狀態，這就是為了討好你的假笑，其實對方完全不認為有趣；儘管嘴巴說著「跟某某在一起時很愉快」，但左臉毫無笑容時，對方其實是覺得很無聊想要趕快回家了，此時應該毫不猶豫地解散才是最好的方式。

此外，只要觀察對方的左半臉也能輕易地解讀出他的性格——英國「班格爾大學」（Bangor University）亞雷克斯．瓊斯（Jones, A. L.）曾經研究過，將正面照、左臉照及右臉照這三種做比較，進而得知何種照片比較能夠看出對方的性格。

分析結果顯示，觀察左臉照時能夠正確分辨「個性好壞」的比例是六三％，而右臉照的正確率只有五〇％。

推測對方「是否神經質」時也是相同的結果——觀察左臉照的正確率可達五五％，而右臉照的準確率只有四七％。因此，當你要判斷對方個性時，不妨注意他的左半臉吧！

POINT

想要看穿他人的真實心意，不妨留意「左半臉」。

該坐在心儀對象哪一側？

假設你與喜歡的異性朋友一同到酒吧且併坐在吧檯，或是去公園的長椅並肩而坐時，該讓對方坐在自己的左側還是右側呢？

最好讓他坐在自己的「左側」，這是因為當對方坐在左邊時，能夠讓你的左半臉面向對方，而有一項說法是「女性的左臉比較美」，相較於右臉，左臉會給人溫柔的印象。即使是臉部表情僵硬的人，也是左臉表情會比右臉更為柔和。

不知是否由於這項原因，自文藝復興以來，根據分析女性肖像圖的研究顯示，有超過六〇％的畫作是從左斜側繪製。因為畫家知道從這個角度描繪肖像，最能凸顯女性的美以及魅力之處。

當你站在車站月台或是街道散步時，假使有眼科或隱形眼鏡的廣告看板或海報，可以仔細觀察一下，裡面幾乎都是「左眼」的照片。因為相較於右眼，人的左眼看起來也比較溫柔。

然而，我們右臉與左臉並不相同，右臉看起來會比較「僵硬嚴肅」，所以與對方並肩而坐時，儘量請他坐在自己左側，較容易博得他人的好感。

因此安排座位時，並不是「隨便坐哪個位置都好」，而是運用策略讓他人對自己產生好感！如果記得這個小技巧，當你參加人數眾多的宴會時，相較於坐在右側的賓客，盡量跟自己左側的人聊天，對方便會覺得你是個有魅力的人！

POINT

讓心儀對象坐在自己的「左側」。

手指交疊方式，能看穿對方個性

接下來請各位進行一個心理測驗——請伸出雙手並將十指交扣，此時應該有某隻手的拇指在「上面」，各位是右手還是左手拇指在上呢？

即便是如此簡單的心理測驗，我們也能從中得知許多資訊——此為康乃狄克大學（University of Connecticut）辛西亞・摩爾（Mohr, C.）從神經心理學的觀點分析並確認出的結果。

摩爾請不同類型的受測者十指交扣，觀察他們是左手還是右手拇指在上，經由摩爾的分析，兩者差異如下——

- **右手拇指在上者屬於理性派、語言能力優秀，是為分析型。**
- **左手拇指在上者屬於感性派、具創造性，適合直覺型的工作。**

如果各位是右手拇指在上，則可得知你是注重邏輯道理、確實思考後才採取行動的類型；左手拇指在上面則屬於感覺型，適合朝藝術領域發展。

日後看到客戶十指交扣且左手拇指在上，便可判斷他是感覺型的人，而這種人多半是以直覺決定事情，因此最好別讓他看一大堆數字的企劃書或資料；相反地，當看到客戶右手拇指在上時就是「分析型」，若沒有根據便無法讓他信服，所以你要提出確實的數據資料，輔以合乎邏輯的說明，才能順利取得對方信任。不妨利用這項小知識，依客戶性格擬訂業務策略。

當雙手十指交扣時，通常我們不會思考太多，但經由這種方式往往會如實呈現這個人的性格。事先知道這個小知識，就獲得了如何與對方相處的指南針，也算是有助於人際關係的技巧。

POINT

觀察客戶十指交扣的狀態，若右手拇指在上就用數據說服他！

哪種人常更改選擇？

假設考試時，你不知道該選A還是B，就暫時在試卷寫A，之後又覺得答案有可能是B，於是又把A擦掉改成B，這種人多半屬於哪種類型？

愛荷華州立大學（The University of Iowa）約翰・貝斯（Bath, J. A.）曾調查大學期末考試情況，並且分析哪種類型的人會更改原先答案。

貝斯準備了一百道選擇題，並請受試者從A、B、C、D四個選項中選出正確答案。答案卷上若出現使用過橡皮擦的痕跡，則視為該名受試者更改過答案。實驗的結果如何呢？首先，針對更改原先答案的部分，男性與女性在此處出現明顯差異——女生比男生更容易更改原本的答案。

「疑？雖然現在是選A，但還是改成B好了……？」不少女性於判斷時容易出現這種現象。相較於女性，男性傾向堅持「最初選擇的答案」，不太會有更改答案的情況，男生的想法似乎是「就此決勝負吧！」

此外，貝斯更明確分析出一項非常耐人尋味的現象——那就是**越優秀的學生「更改答案的頻率越高」**，他們的答案卷都出現多次用橡皮擦塗改過的痕跡。無論男性或女性都有類似的現象，成績排名在前三分之一的優秀學生，當他不知道該選擇哪個的時候，就會多次更改答案。

腦袋不靈光的學生不知道該選哪項時，大都有這樣的想法：「反正選這個就好了！」或許他們認為更改答案很麻煩吧！相反地，當頭腦好的人感到迷惑時，則會立刻改答案。

由此可知，工作能力佳的優秀人才會不斷修正做法，具備柔軟應對的能力；而表現不出色的員工，則是依循舊有做法且不知變通。

POINT

不知該選哪一項時，越是優秀的人越會更改答案。

選對座位，能提升好感度

大學教室並沒有固定的座位，學生可以自由選擇自己喜歡的位子，能夠隨意坐在第一排或是最後一排，並不會因此被老師指正。但其實老師會特別親切對待「坐在第一排的學生」，因為他們知道這些學生對自己抱持著「好感」。

然而，喜歡老師的學生會想要盡可能待在老師身旁，而這種想法也是人之常情。

相反地，討厭老師的學生則會盡量跟他保持距離，換句話說就是選擇坐在教室最後一排。

光是看學生選擇坐在後排位置，老師就知道「這個學生討厭自己」。因此幫他打分數時則會採取較嚴格的態度。

加州州立大學（California State University）布萊亞・拉古巴（Raghubir, P.）已證實學生對老師的好感度越高，越會選擇坐在前排座位。想要與授課講師維持良好關係者，也會坐在前面的位置。

根據他的研究，學生成績的優劣好壞也跟座位有關。座位越前面的學生多半成績優異，而大部分坐在後排的人成績較不佳。

甚至在考試的時候，有自信的學生傾向坐在前排座位，沒有念書的則會選擇後排位置。這是因為當人沒有信心時，難免會想要在後面偷偷摸摸地不被他人看見！

然而，選擇坐在前排位置的學生，也有可能會因為自己喜歡老師，所以更認真地念書學習，成績自然變得更好；但討厭老師並總是坐在教室後排的學生，原本就沒有念書意願，因此成績總是不太好！

即便不喜歡老師，但勉強自己選擇前排座位之後，也會漸漸對老師有好感。老師也深知這個道理，有時反而會刻意讓討厭或對自己有反感的學生坐在前排座位。

如果各位想要讓老師對你愛護有加，不妨選擇前排座位。光是如此，應該就能提升你在老師心目中的評價。

POINT

老師對於後排座位學生的評分反而更加嚴格。

專欄

為何「左撇子」較占上風？

進行各項運動時，左撇子會比右撇子占上風。比方說，摔角就是其中之一。

位於土耳其中北部阿馬西亞（Amasya）的阿馬西亞大學，該校的穆罕默德．吉亞基爾（Ziyagil, M. A.）曾經調查過兩次摔角大賽（第八屆世界大學摔角冠軍賽及世界青少年摔角冠軍賽），並且分析三七五名參賽者獲得金牌的比例。

這些選手當中，右撇子的人約占八〇．六八％、左撇子約占十％。另外，有九．三二％的人是左右手皆可使用。右撇子獲得金牌的比例是六五．五％，而左撇子是二四．一％。

左撇子的摔角選手僅占整體的十%，贏得金牌的比例卻達二四．一%，這一點即說明了左撇子選手明顯較占上風。

如果你是左撇子，今後想要從事運動的相關活動，摔角應該特別適合；假使是慣用右手的人，訓練自己改用左手，說不定能提高摔角比賽的獲勝率。

此外，籃球也是左撇子比較占上風的運動項目。英國諾丁漢大學（The University of Nottingham）泰拉．羅爾（Lawler, T. P.）曾經統計過，於一九四六至二〇〇九年間，共計三六四七名職業籃球選手的出賽紀錄。

根據其報告顯示，右撇子球員在每場比賽中的得分率為六．七二，而左撇子選手則為八．二三；至於罰球的成功率，右撇子為六九%，而左撇子則為七二%。

棒球也是如此，像是鈴木一郎等球員，本來是右打者，在父親的指導之下才成為左打。有類似傳言的打擊者其實不少，聽說松井秀喜同樣也是。此外，左打者的好處是到一壘壘包的距離變短，或是比較容易看見右投手投出的球等等。

但摔角比賽時，為何左撇子選手比較占上風呢？或許是因為摔角是使用全身力量的競技比賽，不單只是右手，若連左手也能靈活使用，就可增加更多攻擊招式。

雖然本篇專欄只透過摔角及籃球的實際驗證來說明「左撇子」的優勢，但其實其他競技運動也曾出現「左手優勢」的說法。

想要在運動領域登峰造極的人，讓自己從小就試著改為慣用左手，亦不失為一個好方法。不過，我認為假使本人不願意卻硬要矯正，這樣也未免太可憐了。

第二章

早知道沒好處，人們為何還要選？

中獎率越高的彩卷，銷量反而越低？

A：十張彩券當中有一張中獎。

B：一百張彩券當中有七張中獎。

若以上述情況單純地計算中獎率，A為十分之一，B則是低於十分之一只有七%，請問各位想要買A還是B呢？恐怕大家都想選B吧！因為A只有一張中獎而B卻有七張，即使B的中獎機率較低，但是中獎張數比較多，所以人們容易認為：「自己應該會中獎！」

其實這個選擇題是由美國麻州大學（The University of Massachusetts）貝洛尼卡．丹茲拉基（Denes-Raj, V.）所做的實驗——他請學生參與該項測試，結果發現選擇B的人數遠遠超過A，約八二%的人都選B。

參與這項實驗的學生清楚「知道」中獎率，但還是認為中獎彩券數量較多的B「感覺」容易中獎，使得B看似較具有吸引力所以才選擇它。

由此可知，**我們不是依中獎機率來選擇，更重要的是能否讓人「覺得」會中獎**。即使中獎率偏低，只要讓人認為容易中獎，他們就願意掏錢購買。

刮刮樂也是如此，假使頭獎張數高達一百張，我想就算是平常不買刮刮樂的人也會想碰碰運氣。然而，通常彩券的宣傳廣告都是強調頭獎獎金高達六億、七億元等，但頭獎只有一個，無法刺激購買慾望。反而強調頭獎的中獎張數，例如「頭獎數量高達○○張！」更能夠達到宣傳效果。

只有一張刮刮樂會中頭獎時，直覺是「這個很難中獎吧！」假使有多張能夠中獎，即使機率偏低卻讓人感覺好像有機會，這就是人的心理。

POINT

即便知道中獎機率，卻與選擇無關。

虧損率很高，還是想賭一把？

下列的選項A和B當中，請問大家會選擇哪個呢？

A：一千萬元當中，確定會損失八百萬。

B：一千萬元當中，全賠的機率是八五%，毫無損失的機率是一五%。

我想恐怕很多人會選擇B吧！但將兩者仔細比較過後，會發現選項B的條件是較差的。

由上述條件可知，我們能夠確定選項A的剩餘金額為二百萬。相較於此，選項B的損失機率則較高。

然而，B選項「毫無損失」的機率很低只有一五%，但若最後真的完全沒有虧損，不就可以保住原有的一千萬？人們大都會被這一點所迷惑。

此外，我們也不喜歡「確定會損失八百萬」的感覺，因此縱使只有一五％的機率，**人就是會想賭賭看「毫無損失，保住一千萬」的可能性。**

其實稍微思考一下便會知道，成功機率一五％就表示「失敗率」遠高於「成功率」。只要冷靜想想，即能判斷這個選項風險過大。儘管如此，人卻還是會被「完全沒虧損」所吸引，這也是無可奈何的事。

順道一提，上述是加拿大英屬哥倫比亞大學（University of British Columbia）丹尼爾．卡尼曼（Kahneman, D.）所做的實驗，我再加以修改而成的題目。卡尼曼多次反覆進行類似的研究，結果明確顯示出人類有時會做出不合理的選擇。

接下來，再介紹卡尼曼的另一項實驗——

- **如果選擇A方案，可以救回六百人當中兩百人的性命。**
- **倘若選擇B方案，有三分之二的機率會全員死亡，但卻有三分之一的機率可能救回六百人的性命。**

在這種情況當中，其實B方案明明是風險較高的選擇，但不知為何選擇B方案的人卻比較多，或許是「救回六百人」看起來更具吸引力的緣故！

由此可知，人有時會選擇風險較高的選項，這就是人類會做出不合理抉擇的證據。

POINT

即使判斷錯誤，人會優先考慮當下的情緒。

密碼怎麼選，不易被拆穿？

我們都深知電子郵件或金融信用卡十分重要，假如他人可以輕易盜取密碼，不僅個資外洩，還有可能被盜領存款。

因此當我們設定密碼時，通常系統會提醒「請避免使用生日或電話號碼等可輕易被猜中的數字」。儘管如此，不知為何我們卻還是選擇容易被他人猜出來的密碼或符號。

美國南衛理公會大學（Southern Methodist University）艾倫・布朗（Brown, A.S.）曾經調查過二一八名受訪者的電子郵件或金融信用卡的密碼。

據調查結果顯示，有九二・七％的人會選擇跟自己姓名有關的密碼，其次是家人、寵物、男女朋友的姓名等；用生日數字做為密碼的人也很多，其比例達一九．五%。

此外，多數人會有好幾個郵件地址或金融信用卡，因此需要設定的密碼也隨之增多。據統計，一個人平均需要八．一八組密碼，不過有三七．四%的人會重複使用相同的密碼一次；二九．七%的人會重複用兩次；二〇．九%的人則是三次，而五．九%的人超過四次以上。

當撿到某人的錢包，裡面有金融信用卡時，倘若我心懷不軌想盜領現金，此時只要錢包內有駕照證件，即可從證件得知失主的姓名或出生年月日，要猜出密碼也不是什麼難事。

錢包當中應該也會有好幾張金融信用卡，它們使用相同密碼的可能性也很高。因此只要猜中一組密碼，就能夠從其他金融卡提領出該張卡片最高額度的現金，所以設定密碼時務必謹慎小心。

話雖如此，但人們並不喜歡這種麻煩的作業——由於需要頻繁地使用密碼，反正「不會忘記就好」，在此種想法的驅使之下，因而「不想選擇」困難的數字或符號，最後導致被他人輕易地猜出密碼。

雖然我們深知設定密碼是非常重要的事，但似乎不會因其重要性而去選擇複雜的密碼。

POINT

即便深知其重要性，還是無法改變人們的選擇。

塞車時變換車道，速度反倒越慢

想必大家都討厭塞車，但不可思議的是，每當遇到車潮擁擠時，人們心裡大都會這樣想：「隔壁車道看起來好像車子比較少。」

「啊！右邊車道的車子比較少！」、「要快點變換車道！」會開車的人應該都有過類似的經驗吧！

多倫多大學（University of Toronto）唐納德·雷德梅爾（Redelmeier, D.A.）等人曾經運用電腦模擬方式，讓受試者進行駕駛實驗。

結果顯示，當道路壅塞達到某種程度（每公里五十台車），即便每個車道都是相同車速，但覺得隔壁車道車速較快的人明顯增多。

一旦行駛速度比先前的車速稍微變慢，有七〇％的人會覺得「隔壁車道的車速較快」，有六五％的人會選擇「切換車道」。

為何會有這樣的感覺呢？根據雷德梅爾的分析，這是由於司機通常專注看著前方，不太會看旁邊及後方的緣故，隔壁車道被自己超過的車子很快就消失在視線內，而前方的車輛卻持續處於看得到的範圍，因此就會覺得自己行駛的車道比較壅塞。

然而，不斷變換車道是造成交通事故的原因，所以即使隔壁車道「看似」車速較快，建議不要變換車道才是比較安全的做法。

更何況你認為「隔壁車道的車速比較快」單純只是錯覺而已，就行駛時間而言幾乎沒有差異，因此最好維持在原來的車道吧！

另外，讓人感到不可思議的是，即便切換到隔壁車道最後又會覺得：「啊！原來車道的車速比較快。」無論如何，我們就是會認為隔壁車道比較快，但為了避免焦躁，重點還是在於放鬆心情開車。

俗話說「外國的月亮比較圓」，雖然有七〇%的人會有這種感覺，但這只是受到自我視覺所蒙蔽罷了。

因此在開車時，不單須專注於自己的前方，也試著留意隔壁車道的後方車況，便能客觀地判斷車流量。如果那些剛才被自己追過的車子，在後方看似想切換車道，那就表示你正在行駛的車道維持在一定的車速，隔壁車道絕對沒有比較順暢。

排隊買票、在超市列隊結帳皆是如此，不知為何總是覺得隔壁的結帳速度看似比較快，其實這多半也是錯覺，因為結帳速度並沒有太大差異，繼續待在原來的隊伍才是正確選擇。

POINT

不變換車道，反而更早抵達目的地。

明知正在減肥，卻不自覺選擇高熱量食物

正在減肥的時候，基本原則是盡量攝取低熱量食物。倘若攝取過多高卡路里便不可能成功減重。儘管如此，人一旦肚子餓就會想要吃甜點或零食，因此在不知不覺當中吃下這些高熱量食物，體重自然難以降低。

英國里茲大學（University of Leeds）丹尼爾・李德（Read, D.）曾針對各行各業（銀行、保險、醫院等）從業人員進行調查，約兩百名受訪者當中有一一六名為女性。他詢問受訪者在肚子餓的傍晚及吃飽中餐之後，會選擇吃高熱量的巧克力還是低熱量的水果。

結果顯示，多數人回答在傍晚肚子餓的時候，想吃巧克力的慾望勝過水果，而且女性明顯高於男性，據悉有七五%男性、八八%女性都這樣表示。

不管如何限制飲食，在正餐之間狂吃巧克力是很難成功瘦下來的。**忍受**

飢餓反而會使得高熱量的食物看起來更具吸引力，導致自己無法克制食慾。

因此我認為不要過度節食，確實攝取三餐、消除對零食的慾望，進而才能成功減重。尤其是女性，一旦肚子餓對零食的慾望會比男性更加強烈！好不容易限制三餐飲食，結果卻又吃高熱量食物，那不就毫無意義了。

肚子不太餓的時候，即使巧克力擺在眼前也不會動心。因為飢餓會讓自己很想吃高熱量零食，為了降低這種慾望，確實地攝取三餐飲食相形重要。

如果想成功減重，與其限制飲食倒不如增加運動量。如此一來，即便維持原有飲食，也能自然瘦下來——像是以往沒有運動習慣的人，光是散步十五分鐘，體重便會下降。倘若知道在空腹時，人會為了填補飢餓感反而啟動攝取高熱量食物的心理機制，我想限制飲食就稱不上是好的減重法。

POINT

「不餓肚子的減重法」才符合人類的心理機制。

知道不能幹壞事，為何無法克制？

當我們在無人看見、沒人認識自己的地方，往往會做出旁若無人的行為舉止，總是心想「沒關係」就做出大膽的事情。

當自己覺得「沒人看見」、「不會被發現」時，我們的理性就會脫序，還能神色自若地做出平常絕對不會做的事。

舉例而言，帶小狗出去散步時，通常大部分的飼主都會攜帶清理狗屎用的袋子。然而，在人來人往的地方都會確實清掃，但是在杳無人煙之處，不清理狗屎的飼主卻也不少。

「哎呀！才一點點應該沒關係吧！」、「這麼一些些，應該還好啦！」人會像這樣任意且輕縱自己做出判斷，但即便只有些許，這依舊是不被允許的事。

英國艾希特大學（University of Exeter）包爾・威布雷（Webley, P.）曾尾隨飼主，觀察他們是否會確實清理寵物的排泄物。結果顯示，在會被他人看見的公園裡，有七〇・六%的飼主會著實清理狗屎，但是在四下無人的路上，則只有四六・九%的飼主會確實清掃。由此可知，當我們認為沒人在看時，就會蠻不在乎地做壞事。

「只是不清理狗屎罷了，這點小事應該還好吧？」但其實其他違反道德倫理的行為，其根本的心理跟這件事完全一樣——在沒什麼人經過的場所，容易發生殺人或強暴等犯罪行為，結果也是源自於「因為沒人看到，所以沒關係」的心態。

此外，在虛擬國度裡匿名性極高，不用擔心自己會被鎖定。或許因為如此，據說在網路世界裡無視於他人感受，隨自我喜好發表評論的人已增加許多。

因而現在都會高聲呼籲網友要遵守虛擬世界的禮儀，也就是「網路禮儀」的必要性，這正是在無人認識自己的地方，人類的理性控制容易變得不管用的證據。

人類就是在沒人認識自己的情況下，會蠻不在乎地做出荒唐事的動物。

POINT

想像「隨時都有人在看著自己」，才是預防犯罪的最佳對策。

為什麼紅色汽車最好不要搭乘？

談到「紅色汽車」，依據我個人的想像就是會極速行駛的跑車，印象中是那種在高速公路上呼嘯而過，並非慢速的車子。

然而，紅色是「燃燒的顏色」，我一直認為紅色汽車的駕駛者總會在不自覺當中「變得熱血」，導致車速過快。

日前閱讀心理學雜誌時，碰巧看到可證實上述想法的資料——密蘇里大學（University of Missouri）馬力．紐曼（Newman, M. C.）統計並分析被警察開單的違規超速紀錄，發現駕駛類似「紅色」這種色彩華麗的人，越容易有違規超速的傾向。

根據紐曼的分析，不只是紅色，像是黃色或橘色等亮色系的汽車駕駛人似乎也有開快車的傾向。這類人不僅喜歡駕駛高調搶眼的汽車，多半也屬於想要吸引他人注意的類型，所以他們開車時也是如此，最後的結果就是違規超速。

總而言之，對於駕駛紅色汽車的人，建議最好不要與他同車。

「因為回程是相同方向，就搭我的車一起回去啊！」即便對方如此邀約，我也不會搭乘。因為駕駛紅色汽車的人有超速的傾向，而被捲入交通事故的風險也會隨之變高，我可不想讓自己身陷於危險之中。

另外，我也想提醒各位女性，假使有陌生男性搭訕邀約：「要不要搭我的車去海邊啊？」但對方開著紅色汽車——在妳心想「哇！好酷的顏色」之前，請提醒自己「這類車子的駕駛，開車都不太安全！」

紅色是會使人感到興奮的顏色，也容易讓人的心情自然而然變得熱血起來，但是開車時興奮可不是甚麼好事。大家的性命都很寶貴，搭乘安全駕駛的車子才是比較好的選擇！

對於今後想要購買汽車的人也是如此，儘可能挑選沉穩的顏色。高調華麗的顏色固然很亮眼吸睛，車主也許覺得很酷炫，但卻會在不知不覺當中，因為不當駕駛而提高肇事率。

POINT

人在無意識當中會受到「顏色」所影響。

不愉快資訊，為何還要看？

我們明明知道接觸某些資訊會不愉快，但有時候反而會刻意去接收。這個道理就像是身體有某個部位感到疼痛時，明知用手觸摸會痛卻還是去碰。口腔出現口內炎症狀時，縱使知道用舌頭舔會痛，卻還是一次又一次地舔舐傷口；又或是明知襪子有臭味，依舊會刻意去聞，這就是人的心理！

雖然稍稍偏離話題，不過的確有心理學家證實這件事。此項研究是紐約大學（New York University）賈斯汀・克魯格（Kruger, J.）拜託三十名私家偵探，讓他採訪有關於伴侶的出軌調查。

私家偵探當然不會告訴他委託人的個人資料等細節，因此克魯格只詢問私家偵探一個問題：「委託人是否會想看伴侶出軌的現場照片。」所得知的結果令人驚訝——竟然有九二％的委託人想要看另一半出軌的相片。

「妳的老公確實有外遇」、「你太太的確與他人偷情」其實從偵探口中確認事實即可，而且明知看到照片肯定會生氣沮喪，但委託人依舊想要眼見為憑；不需看照片的人只有八%，由此可知絕大部分的人反而是刻意想看那些讓自己不愉快的資訊。

去書店時，經常看到這類書名——「再這樣下去，日本就會完蛋！」、「人類滅亡！」、「日本沉沒！」這種書籍似乎銷路都很不錯，因為許多人會抱持這樣的想法——雖然知道閱讀這種書會心情沮喪、意志消沉，卻還是想接觸這類資訊！我不是很清楚為何人們要刻意碰觸這些讓自己不安的訊息，但這或許也是人類心理有趣之處！

POINT

無論如何，人就是會對「秘密」、「不安」感興趣。

為什麼刻意選擇較差的事物？

人們都喜歡自己熟悉的東西——比方說，不管環境如何，只要待在自己習慣的地方便會感到舒適自在，也就是我們常說的：「金窩銀窩都不如自己的狗窩。」

泥鰍非常喜歡混濁的泥地，但飼主認為清潔乾淨的水比較好，因此經常更換水槽裡的水。對泥鰍而言，這個多餘的好意是種困擾，待在乾淨的環境反而覺得不安心。

人類也是如此，出生之後的經驗會對人造成深遠的影響。即使其他人覺得不是很舒適的環境，對於在那個地方出生長大的人而言，那裡就是「久居為安的好處所」，這樣的環境才能讓自己安心。

不只是居住的地方，對於食物的喜惡亦然。住起來舒適的環境、美味好吃的食物，並不一定總是受人喜歡。即使是難吃的食物，對於從小吃到大的人來說，那就是極致的美味饗宴。

接下來，向各位說明一項有趣的數據！美國湖畔森林學院（Lake Forest College）福葛斯（Forgus, R. H.）曾經試著將十二隻老鼠分成兩組養殖，一組飲用帶有燈油味道的水，另一組則是喝自來水。在第五十七天時，福葛斯分別為兩組老鼠都準備了這兩種水，觀察牠們喜歡喝哪種水。

結果從出生後就已經習慣燈油氣味的老鼠當中，有七二%的老鼠會選擇帶有燈油味道的水；喝自來水長大的老鼠中，有八五%選擇自來水。

帶有燈油氣味的水，本來就不屬於會受到喜愛的選項，但是對於已經習慣這種味道的老鼠來說，這才是牠們的最愛。

據說小時候家裡貧窮的人，即使長大後飛黃騰達花錢建造豪宅，卻老是愛待在狹小房間裡。明明家裡房間很多，全家總是擠在小小的空間裡聊天看電視。因為對房子的主人而言，有壓迫感的房間才是能夠感到平靜的空間。

成為有錢人之後，即便可以盡情吃自己喜愛的食物，卻還是喜歡滷白蘿蔔等便宜食物，也是因為從小就習慣這個味道的緣故。

由於初期經驗會對人產生很大的影響，一旦養成習慣後，即便是舒適的空間、美味的食物，對他而言卻是不屑一顧，這就是人類心理的特性。

POINT

相較於好東西，人會選擇自己習慣的事物。

無法準確判斷的時刻

雖說同樣是比賽，冠亞軍之爭和競爭第一〇一名與第一〇二名的比賽，兩相比較之下，就心理層面而言是完全不同的意義。

當人在爭奪冠亞軍時，因為不想輸給對方的心情變得強烈，容易導致判斷失當。

密西根大學（University of Michigan）史蒂芬・格魯西亞（Garcia, S. M.）請受試者閱讀下列文章之後，從A選項及B選項當中選擇自己喜歡的答案——「你是非營利組織的執行長（CEO），組織的捐款金額收入排行是第一名（或是第一〇一名），目前正在考慮與第二名（或是第一〇二名）的組織合資。」

A：如果「不」合資，組織的收入會提升五%，對方的收入也提升五%。

B：如果進行合資，組織收入將提升七％，對方收入則會提升二五％。

從上述選項來看，很明顯地合資對於組織的收入比較有利。因為不進行合資時，收入只能增加五％；假如雙方合資，收入將提升七％，足足多出二％的收入，很顯然是比較有利的選擇吧！

根據格魯西亞的實驗，當人在爭奪第一名與第二名時，僅有五四％的受試者選擇B選項。即使B選項對於自己組織的收入較有助益，但是競爭對手（排行第二名）將會獲得更多的收益，如此他們便無法接受。換句話說，位於第一名的人不喜歡與第二名之間的差距被縮小。

順道一提，當情況設定成雙方競爭的排名是第一〇一名與第一〇二名時，有七九％的受試者會選B。或許是不介意與競爭對手之間的距離被拉近，只要判斷該選項對自己比較有利，並不會過於在意對方的獲利更多，因此較能做出合理的判斷。

第二項實驗所設定的情況是第九名與第十名的競爭、第二〇九名和第二一〇名的競爭時，也獲得相同的結果——當雙方競爭第九名與第十名的時候，為了不讓對方獲利更多，人會選擇不合理的選項；但是當彼此競爭的排行改為第二〇九名與第二一〇名時，卻沒有出現類似的現象。

為了維持第一名的寶座，必須考量很多因素，有時候卻會因此判斷失當。

POINT

當競爭激烈時，人會做出奇怪的選擇。

專欄

人們喜歡和善，卻遵從魔鬼主管，為什麼？

當被詢問到希望由何種類型的人來擔任老師、教練、上司或指導人員時，很多人應該會回答「溫柔的人」！

我想會立刻生氣怒罵、斥責的類型，大部分的人應該是敬謝不敏，不過的確也有人認為惡魔或魔鬼類型的指導者反而比較好。

英格蘭足球史上有位留名青史的知名指導教練，布萊恩．克拉夫（Brian Clough）。他率領的諾丁漢森林隊連續稱霸兩屆 UEFA 冠軍盃，創下輝煌的戰績。由此可知，儘管布萊恩是十分嚴格的教練，卻能夠建立起實力堅強的球隊。

哥倫比亞大學（Columbia University）希娜．艾恩格（Iyengar, S. S.）

對於此現象深感興趣，經過調查之後發現幾項耐人尋味的事實。

首先，相較於個人喜惡，球員會以球隊為出發點做出抉擇。假設球隊想要獲勝，即使個人討厭教練，仍會以球隊利益作為優先考量，因而能夠欣然接受魔鬼教練。很不可思議的是，當整個球隊接受這位教練時，自己的心理似乎也產生改變，進而能夠接納他。

職場也是相同的情況——雖然自己真心討厭嚴格的主管，但為了企業整體利益，公司還是需要嚴格的主管。當處處都受到嚴厲規範時，我們也較能接受嚴格的主管。

總而言之，即便我們喜歡溫柔的老師或教練，不過看到身旁的人都順從惡魔老師的模樣，自己也會變得能夠接受。

當然教練或主管不只要嚴格，假使無法提高業績或實際成績，只會變成不適任的指導人員，最終大家也會因此不理他！換句話說，要能夠確實提高業績，整個團隊才能接受嚴格的指導者。

第三章

生活中各項決定，如何做出最佳抉擇？

選擇「小份量」商品，反而用更久

當我們在吃洋芋片時，一開始會豪邁地抓起兩三片塞進嘴裡，一旦洋芋片所剩無幾之時，就會改成一片片地慢慢吃，這種生活上的情景並不少見。

大部分的人應該都是這樣吃完一包洋芋片吧！當剩餘數量不多時，我們就會變得比較「小氣」。

使用洗髮精時也是如此——剛買回來的洗髮精，原本總會豪邁地按個十來下，等到使用一陣子之後就變成按五下，當剩餘量變得更少的時候則改成按三下。

由此可知，每次洗頭髮該使用多少洗髮精，不是以自己的髮量來衡量，而是以瓶內的剩餘量決定使用量。當剩餘量還很多時，我們會大量地用；一旦剩下的量變少時，不知怎地就會降低使用量。

法國的經營學科研究所 INSEAD 的佩魯．夏頓（Chandon, P.）曾經配送「普通包裝」與「大份量裝」的果汁給四五七戶家庭，並調查他們一天大約的飲用量。

經由實驗發現配送「大份量」包裝的家庭，其每日飲用量是「普通包裝」家庭的兩倍。因而得知，面對大份量包裝的果汁時，人們大都會豪邁地大口飲用。

此外，夏頓也進一步調查配送「普通份量」與「大份量」包裝的蛋糕，各家庭的每日蛋糕食用量（克數）。實驗結果顯示，配送「普通份量」的家庭，每日的蛋糕食用量為四九．九八克，而「大份量包裝」的家庭，每天蛋糕食用量則達九六．二一克，兩者之間的差距也差不多是兩倍。

到販售營業用包裝的超市購買促銷包裝或增量包等商品後，自然就會大量食用。以價格而言，買這類商品或許很划算，卻有肥胖的風險。因此想要減重的話，最好不要購買大份裝商品。

購買大份量包裝的產品，即使心想「要一點一點慢慢吃」，但是在前述心理作用的驅使之下卻很難做到；假使購買小包裝商品，我們自然就會變得小氣且不會大量食用。

POINT

如果想要減重，不妨將食物分裝成小份；倘若想存錢，就改用小型錢包。

剩餘量多寡，會改變「好吃程度」

先前曾提到，當袋子裡裝滿洋芋片時，我們會豪邁大口地享用；剩餘量變少時，就會改為一片片慢慢吃。

前述內容證實食用速度會隨著剩餘量而改變，接下來要進一步說明，剩餘量也會影響「好吃的程度」——相較於還剩下很多的時候，所剩無幾時會覺得東西比較美味。

假設有兩個罐子都可裝滿十片餅乾，其中一罐裝滿十片，另一罐則只裝了兩片。雖然這兩罐餅乾味道相同，但分別試吃後各位覺得哪罐餅乾比較好吃？我想大多數人應該會認為餅乾數量少的那罐較美味吧！

這是夏威夷大學（University of Hawaii）史蒂芬．沃契爾（Worchel, S.）曾經做過實驗，在可裝十片餅乾的罐子內只裝入兩片餅乾的那一組，人們對於它的「美味程度」給予較高的分數。

為何剩餘量變少會影響食物好吃的程度呢？

餅乾的製造成份應該是相同的，但因為人類的心理作用，**對於剩餘量較少的東西，我們總是給予較佳的評價，這就是所謂的「稀少性原理」（Principle of Scarcity）**——人類認為數量較少的物品具有稀少價值。

寶石之所以價格如此高昂，正是因為數量稀少的緣故，我想沒有人會認為那不過就是顆小石頭吧！

此外，我認為鮪魚或鰻魚也是因為數量漸漸減少，價格持續高漲，因而覺得鮪魚或鰻魚「好吃」的人數也逐漸增多，不是嗎？

漁獲豐收時，應該有很多人不覺得鮪魚或鰻魚多美味，但由於捕獲數量越來越少，認為牠們好吃的人數有增加的現象。

我曾聽老人家提過，小時候鯡魚的捕獲量多到令人厭煩，甚至還把醃漬鯡魚卵當成零嘴吃，所以當時並不覺得醃漬鯡魚卵是美味的食物。

不管食物有多麼可口好吃，一旦吃多了就會降低美味的程度，因此享受美食的秘訣便是少量攝取。如此一來，不論任何料理吃起來一定都是美食級的享受。

POINT

份量越少越覺得美味好吃。

何時會沉迷算命占卜找答案？

當社會情勢不穩定時，某些東西便會開始流行，其中之一就是占星術。好比經濟學家運用股價等指標預測經濟走向一樣，一旦觀察到占星算命在電視或雜誌媒體有增加的趨勢，心理學家同樣能夠預測未來的情勢且能嗅出「危險訊號」。

美國馬歇爾大學（Marshall University）維儂．帕吉特（Padgett, V. R.）曾針對一九一八年至一九四〇年間，德國的社會混亂狀況進行研究，同時調查這幾年「占星術」、「神祕主義」、「邪教」的論文以及雜誌報導數量。

調查結果顯示，一九三六年爆發第二次世界大戰時，「占星術」相關論文和雜誌報導明顯增加許多。根據帕吉特的研究報告，即便不是經濟學家，心理學家透過占星術熱潮就能預測失業、減薪、產業的生產量減少等現象，得知未來社會是否不景氣，或是市場經濟會不會停滯不前。

「雜誌的占星術專欄數量似乎有增加的現象。」如果你有類似的感覺，那就表示當時的經濟狀況不佳或是即將惡化。

為何社會變得不安定時，星座運勢的專欄會增加呢？因為當我們看不到未來前景而感到不安，就會想要向外尋求某種依靠或依賴某樣事物！即便知道算命毫無根據卻依舊沉迷，這是因為透過算命似乎能解開心中所惑。

景氣好的時候，本來不相信算命的人，一旦經濟狀況變差，也會想要藉由算命尋求答案——該繼續從事這份工作呢？還是轉職比較好？由於擔心自己的未來，進而轉向求助算命占卜。因此當開始流行算命占卜就要提高警覺，必須細心留意經濟動向且自我提醒。

POINT

當社會情勢不穩定時，容易出現算命占卜的熱潮。

為什麼環境容易影響行為決定？

通常我們認為「愛乾淨」與個性有關，其實這很難概括而論。縱使平常不怎麼愛乾淨的人，偶爾也會想要認真整理；反過來說，平時很愛整潔的人，也曾面不改色地隨手亂丟垃圾。

然而，身處的環境狀況對於我們的行為舉止會產生很大的影響——如果環境髒亂，難免會認為：「即便亂丟垃圾也沒關係吧！」假使處於乾淨的地方，就會克制自己「不能在此亂扔垃圾」。

由此可知，「愛乾淨」絕對不是與生俱來，而是依照當時的環境狀況來決定。

美國聖母大學（University of Notre Dame）雷蒙・雷諾（Reno, R. R.）曾經針對將汽車停在某個停車場，共計一〇七三名駕駛人的行為進行分析。

他先將整個停車場的垃圾清理乾淨，並在雨刷夾上「請小心駕駛」的傳單。購物後回到停車場的駕駛人，大多會注意到這張自己不需要的傳單，而當停車場的環境乾淨整潔時，只有十一%的人會隨手丟棄；接下來，他又在同一個停車場內隨意丟棄紙杯或菸頭，使停車場呈現髒亂狀態。隨後同樣將傳單夾在雨刷上，結果卻有三〇%的人會隨手丟棄。

由上述研究得知，假如身處髒亂的環境，我們就會認為再髒一些也無妨，因此縱使是有潔癖的人，也未必隨時隨地都愛乾淨，不管是誰都很有可能隨手亂丟垃圾。

然而，迪士尼樂園幾乎是垃圾不落地，他們之所以能夠做到這種程度是因為地上有垃圾時，工作人員會立刻上前清理；另一項理由則是，迪士尼樂園深知如果不立即清掃，那個地方便會不斷出現各種髒亂，所以才會無時無刻保持整潔！

我曾經在道路的中央分隔島看到很多被隨手丟棄的垃圾，也是相同的道理——當某位沒公德心的人隨意製造髒亂，其他人便會覺得在同一個地方亂丟垃圾也無妨，因而造成惡性循環。

換言之，如果身處整潔的環境，大家都會變成愛乾淨的人，所以公共廁所想維持整潔，最好的方法就是經常打掃，大家便會避免弄髒環境。

POINT

人是否愛乾淨並非由「個性」決定，而是「環境」。

讓人選擇維持整潔的妙招

方才提到人是否愛乾淨會受到環境狀況的影響，其實不只是視覺上的整潔，嗅覺也同樣會改變人們愛乾淨的程度——身處飄散香氣的環境，人會變得特別愛整潔；而散發出難聞臭味的地方，則會使人懶得打掃。

荷蘭奈梅亨大學（Radboud University Nijmegen）羅伯．賀蘭德（Holland, R. W.）曾經讓受試者待在散發舒適香氣的房間，並請他們吃「容易碎裂」的餅乾。然而，待在飄散著柑橘類果香的房間，許多受試者會確實清理掉落的餅乾屑；不過換成在無氣味的房間進行相同實驗，卻有不少人會將餅乾屑從桌上撥到地上。

待在香味四溢的環境時，我們會提醒自己不要亂丟垃圾。像是充滿花香的花店前面，無法隨意製造髒亂也是因為嗅到花香，進而啟動自制力；相反地，垃圾置放區附近會囤積髒亂，也是由於那裡會飄散出難聞臭味的緣故。如果辦公室有很多人亂丟垃圾，不妨讓環境飄散宜人香氣，各位覺得如何？

為了解決髒亂問題，或許有人會特意張貼這類標語：「請確實將垃圾丟入垃圾桶內！」但是否真的有效果恐怕還是個疑問，說不定會因為這種標語而引起反效果，甚至有人故意將垃圾丟在此處周圍。因此倒不如利用舒適宜人的香氣，讓人在無意識中變得愛乾淨，不會隨意亂丟垃圾。

香味也分成很多種類，花香或果香都算是聞起來舒適的香氣，只要妥善使用這類香味就可避免髒亂。如果孩子總是把房間弄得髒兮兮，不妨試著巧妙地運用香氣吧！

POINT

與其張貼「禁止亂丟垃圾」，不如讓環境飄散香味更具效果。

個人喜惡並非自己能決定？

我既沒有藝術知識、欠缺審美眼光，也不會分辨美術館內的畫作優劣，但如果問我美術館的訪客最喜歡哪幅畫，卻可以相當準確地猜中。或許有些讀者會對此感到驚訝，但其實我並不是以「畫作優劣」看出哪幅最受人喜愛，只是觀察在哪幅畫前面「聚集最多人」，能夠吸引人群的作品肯定是最受人歡迎的。

然而，別人正在觀看的物品，自己也會變得同樣喜歡——因此當許多人聚集在一起聚精會神地觀賞某幅畫的時候，我們也會對那幅畫留下良好的印象。

舉例而言，當看到許多人聚集在抽象畫展區時，自己似乎也會對抽象畫產生好感；但若換成寫實主義的展區集結很多人時，又會認為：「還是寫實主義的畫作最好。」

英國威爾斯大學（University of Wales）安德魯・貝里斯（Bayliss, A. P.）以二十四位受試者為對象進行實驗，據說有二十二人表示相較於「別人沒在觀看的物品」，他們更喜歡「他人正在觀賞的東西」。

由此可知，對於其他人正在觀賞的事物，我們會在無意識當中受到吸引而選擇觀看，這種現象稱為「共享注意力」（Joint Attention）。

再舉一例來說，不具備魚類知識的人進入水族館，在繞完整個水族館後，詢問對方喜歡哪種魚，或許也會得到有趣的答案——如果是深海魚區的人群比較多時，他的回答會是：「比較喜歡深海魚」；假使深海魚區域的遊客人數很少，則不會覺得「深海魚很可愛」。

我們認為個人的「喜歡、討厭」是依自己的喜好來定論，其實是依據有多少人在觀看所決定。

對於許多人在觀看的事物，人們的感受往往是「說不出原因，但感覺不錯」；但是面對沒人在看的東西，我們就完全不感興趣也沒有好感。這並不是因為受到其他人的壓力要求自己改變喜好，而是出自於人類的奇妙心理，是不是十分有意思呢！

POINT

你認為不錯的畫作其實並非是個人喜好，而是其他人正在觀賞所以自己才喜歡。

看寵物就能推斷主人樣貌？

偶然看見有人牽著小狗到公園散步，觀察寵物與飼主便會發現非常有趣的現象。

許多人是否覺得寵物長得跟飼主十分相似——輪廓分明者所飼養的小狗也是五官鮮明；圓臉飼主的小狗同樣長得圓潤可愛，類似的例子不勝枚舉。

加州州立大學（California State University）麥克・羅伊（Roy, M. M.）曾經請四十五位狗飼主（男性飼主二十一名，女性則是二十四名）請他們各帶一張自己和寵物的照片。

隨後羅伊另外再請不知情的受試者，從混雜的照片之中將主人與小狗加以配對，判斷該小狗是哪位飼主的寵物。

實驗結果顯示，寵物是純種犬隻時，配對的正確率達六四％；「非純種」

的正確率則稍微偏低，僅有三五％。即便如此，寵物與飼主長得很相似的說法，還是能透過此研究獲得證實！

為何寵物與飼主會長得很像呢？根據羅伊的解釋，應該是飼主在無意識當中喜歡跟自己容貌相似的動物，進而挑選牠成為自己的寵物。

如此說來，我們也會在無意識之中以相同的心理選擇好友。當然也有長得完全不像的朋友，不過大部分的好友之間還是會有某些相似之處，或許是眼睛、嘴型很相像等等都有可能。

我們跟長相完全不同的人相處時，可能偶爾會有拘束感，但是跟容貌有類似之處的朋友在一起時，彷彿從鏡中看到自己一般，心裡會覺得比較踏實平靜。因此我認為透過研究觀察，說不定也能得到「容貌相似者會成為朋友」的結果。

在職場上也是如此，仔細觀察每間公司的員工，就會發現很多職員有某些相近之處。這是因為人事部主管在決定錄用員工時，偏好挑選跟自己有相似點的人，所以公司內部同類型的職員才會漸漸增加。

我們在無意識當中會喜歡跟自己容貌相似的人，或許就某種程度而言，人類可說是自戀的動物。

POINT

光看寵物就可知道主人的長相。

感情好的夫婦，為何會變成夫妻臉？

據說感情好的夫妻，不只是個性就連容貌也會越來越相像，但果真是如此嗎？

或許有人認為：「容貌跟遺傳有關，應該沒這回事吧！」我們是不是跟挑選寵物一樣，選擇跟自己容貌相近的人結婚呢？

密西根大學（University of Michigan）羅伯特．查瓊克（Zajonc, R. B.）曾做過研究，對象是結婚超過二十五年的夫妻，請他們提供現在的照片，以及二十五年前的相片，再讓一一〇〇位判定人員針對夫妻的容貌相似度加以評分。

研究結果顯示，這些判定人員認為二十五年前的夫妻容貌並不相像；而看過現在的照片之後，卻覺得「夫婦長得很像」。

換句話說，**剛結婚的夫妻長相不一樣，相處多年之後兩人的容貌卻變得越來越相似。**

舉例而言，結婚初期老是板著臉孔、滿臉不開心的模樣，受到老婆面貌的影響，容貌變成如佛祖般溫柔，現實當中常有類似的事。

當一方微笑時，另一人也會受到影響而展露笑顏，這個現象在心理學稱為「笑容互惠性」（Smile Reciprocity）。因此經過多年的相處，彼此都變成和藹可親的容貌，這是十分有可能的事。

又或者一方擺出臭臉，另一人也會以相同表情回應，結果雙方都是皺著眉頭，滿臉不開心的模樣。無論容貌變得和善溫和或是讓人敬而遠之，夫妻的長相會越來越像是不爭的事實。

不同於親子，夫妻並無血緣關係，也沒有遺傳基因的連結。即便如此，在一起生活多年之後，長相竟然會變得相似，實在是非常有趣的現象。

由此可知，我們會受到共同生活者極大的影響，所以大家才會說娶到好妻子、嫁個好丈夫，這輩子就能過得幸福美滿。

即便長得不好看，只要跟笑容燦爛的對象結婚，日後也會漸漸變得慈眉善目。挑選人生伴侶時，不妨問問自己：「以後我想變成這種容貌嗎？」

POINT

在「互惠原則」的作用之下，與笑容燦爛的人一同生活，自己也會變成相同樣貌。

專欄

波浪舞為什麼是順時針？

觀看運動賽事時，當選手表現不錯，觀眾便會情緒高昂並依序站起來跳「波浪舞」。但一般認為波浪舞是不規律、自然產生後又結束的現象，其實並非如此。

既然波浪舞是由人所帶動，背後應該存在著某種心理作用。

匈牙利布達佩斯大學（Budapesti Tudományegyetem）雷斯・法卡司（Farkas, I.）曾經研究分析世界盃比賽時出現的波浪舞，並歸納出以下幾項規律——

❶ 通常是以順時針方向行進

❷ 速度每秒約十二公尺

❸ 波浪舞的寬幅從六公尺到十二公尺
❹ 同時站立的觀眾人數未達到某種程度，不會啟動波浪舞

波浪舞是以順時針方向行進，這是因為對人類而言，逆時針方向的動作感覺較不協調的緣故。至於結束的時機，則是當波浪舞靠近，但是坐著的觀眾人數相對比較多的時候，波浪舞就會停止在該處。

順帶一提，這些坐著的觀眾大都是剛好在喝飲料無法站起來，或是當波浪舞靠近時，心想「我不用站起來也無所謂」的人。

雖然法卡司只針對觀看運動賽事時的波浪舞加以分析，不過我認為演唱會等場合也可以看到類似的現象，各位可以試著觀察一番。

今後觀看運動比賽時，不妨確認看看波浪舞是否真的是朝著順時針方向行進？速度是不是每秒十二公尺？我想親自驗證這些冷知識也是相當有意思的事情吧！

第四章

善用大腦錯覺，誘導選購的行銷絕招

巧妙運用人類心理的「幻影選項」

當商品有三個選項時，不知何故我們往往會選擇「中間價位」。

舉例來說，假設餐廳的菜單內有三種套餐，價格分別是「松套餐一千元」、「竹套餐七百元」及「梅套餐四百元」，出乎意料的是選擇竹套餐的顧客會變多，這是因為**我們在無意識當中會避開最好跟最壞的選項**。

美國西北大學（Northwestern University）亞歷山大・夏內夫（Chernev, A.）曾以無線電話、紅酒、防曬乳液分別製作三種商品清單且有價格上的差異，接著詢問受訪者會選擇何種價位的產品。

雖然依商品的種類多寡會出現差異，但據結果顯示約有五七・一％至六〇・一％的人會選擇「中間價位」的產品。最高級或是過於廉價的商品，不知為何總是銷路不佳。

不只是價格，商品的份量也是如此。比方說，在選擇飲料的時候，顧客出乎意料地會避開小杯跟大杯傾向選擇中杯，這是杜克大學（Duke University）凱瑟琳・夏普（Sharpe, K. M.）研究證實的結果。

然而，心理學將這種人們傾向選擇「中間」的現象稱為「金髮女孩效應」（Goldilocks Effect）——這個用語源自於英國童話故事，金髮女孩歌蒂羅克（Goldilocks）在三隻小熊家裡看見三碗粥，她不吃太燙或太冷的粥，而是選擇溫度適中的來吃。

在兩個選項當中不知道該選哪個時，只要出現第三個選項，幾乎就可準確預測顧客會挑選中間的項目。因此在行銷策略上，店家不會只準備兩個選項讓顧客比較，而是刻意再多加一個「誘餌」，藉此向客人推銷自己想銷售的商品。

舉例而言，將一萬元及兩萬元的冰箱併排在一起時，無法推斷哪台的銷售狀況比較好。假使想要推銷的主力商品是兩萬元的冰箱，只要在旁邊多陳列一台三萬元的冰箱，就能大幅提高兩萬元冰箱的銷售率。

店家原本的用意並非是要販賣三萬元的冰箱，只是為了讓兩萬元的冰箱位於中價位，才將其陳列在旁邊，這種方法稱為「幻影選項」（Phantom Alternatives），是巧妙運用人類心理的銷售手法。

POINT

餐廳會刻意提供第三種選項，讓中價位看起來經濟實惠。

「左位效應」，顧客最易掉落的陷阱

有些商品偶爾會因為些微的價格差異，使得它暢銷或是陷入滯銷。以七百元與六八〇元的衣服而言，儘管只有二十元的差距，標價六八〇元的銷路總是遠優於另一項商品，而類似的情況並不少見。

當我們在比較七百元與六八〇元的商品時，會將「最左邊的數字」做為判斷依據，心理學將這種現象稱為「左位效應」（Left Effect）。舉例來說，當我們看到七百元與六八〇元的商品時，一項是「七百元」而另一個看起來卻像「六百元」——我們傾向只看最左邊的數字就大致做出判斷，至於後面的尾數便不怎麼重要了。

紐約大學（New York University）馬諾吉．湯瑪斯（Thomas, M.）以五十二名大學生為受試對象，請他們針對原子筆的價格評分，標價分別為

二．九九美元及三美元，假使覺得太便宜就給一分，認為太貴則給五分。

結果顯示，標價二．九九美元的原子筆平均分數為二．○七分；三美元則是二．七六分。由此可知，儘管兩支原子筆的價格只差○．○一美元，但受試者仍依據最左邊的數字是「二」還是「三」來認定它們是昂貴還是便宜。

人類的心理並不像電腦一樣機械式地處理訊息，往往會因為些微差距而受到很大的影響。

再舉一例，身高一七五和一七八的人，因為最左側數字都是「一」，所以兩人的高度也會被認為是差不多的；但若是一九八公分及二○一公分的人，雖然同樣是差距三公分，我們卻會覺得兩人的身高差很多，其實也是相同心理作用的影響。

POINT

明知當中的陷阱，卻還是會陷入「最左側數字的心理圈套」！

如何猜中客戶喜歡的顏色？

假設你現在要向客戶提案，需決定活動的主題顏色，而為了使簡報成功，必須推測對方會喜歡的色彩。當你猶豫不知該選擇什麼顏色時，正確的方法是暫時先挑選藍色。

因為「藍色」是大部分人都會喜歡的顏色，這是最保險的做法。

「我最討厭藍色！」、「藍色那種顏色，我連看都不想看！」有這種想法的人其實並不多。

南安普敦大學（University of Southampton）威廉・賽門（Simon, W. E.）曾經針對人們喜歡的顏色進行調查，而受試者對於六種顏色的喜好程度，分析結果如下——

- **藍色：四八・五七％**

- **紅色：一〇・二〇%**
- **綠色：九・八〇%**
- **紫色：七・六六%**
- **黃色：七・三五%**
- **褐色：六・五三%**

從前述數據可明顯看出，幾乎是每兩人就有一人喜歡藍色。或許有讀者會懷疑「這是美國人做的調查，國人也是如此嗎？」其實對於顏色的喜好無關國別，並不會有太大改變。

根據日本能率協會綜合研究所於二〇〇四年七月發表的行銷資料庫（Database Marketing），關於日本人「喜好顏色」的調查結果顯示，最喜歡「天空藍」的比例是四七・五%。

然而，這是由於藍色是清澈河水的顏色，也是萬里無雲、晴朗天空的代表，它能讓人聯想到這些舒適感受。

當你已經知道大部分人都喜歡藍色，就能有效應用在各個方面。比方說，想要送伴手禮時，不妨選擇藍色系的包裝紙；朋友喜獲麟兒要贈送嬰兒服時，也可挑選藍色系，如此應該不至於會被嫌棄挑錯顏色了！

POINT

選擇「藍色」就不會被嫌棄挑錯顏色。

為何洋芋片包裝鼓鼓的？

打開零食袋的時候，你是否也曾想過：「疑？原來份量這麼少啊！」明明看起來像是裝滿的樣子，打開後卻覺得受騙的人應該不少吧！

然而，零食廠商表示，灌入氮氣使袋子膨脹是為了防止商品氧化；未灌氣的零食袋放入紙箱內，也有可能會被壓碎。即便這些理由聽起來合理，但消費者難免還是會有無奈受騙的感覺。雖然零食廠商不會對外聲明，但袋子膨脹能讓份量看起來較多的做法背後也暗藏了藉此提高業績的企圖。

根據加州州立大學（California State University）布萊亞．拉古巴（Raghubir, P.）研究指出，體積較大的商品能讓消費者認為袋內份量很多，使得該商品變得較容易銷售。

縱使打開後發現袋內份量不如預期而感到失望，我們還是十分喜歡「塞得滿滿的商品」。洗髮精也是相同道理——將補充包的洗髮精倒入瓶內後，我們有時也會覺得補充包份量似乎比原本的瓶裝來得少。即便把補充包一滴不剩擠入瓶內，也只有半瓶的份量，難不成製造廠商沒有確認過補充包的份量嗎？我想消費者都因此有過受欺騙的感覺。

此外，即使是滯銷商品，若改為「組合包銷售」它的銷路便會轉好——這是因為將許多商品包裝成一大袋增加體積，就能挑起顧客的購買慾望，進而大幅提高銷售量。舉例而言，假使我是百貨公司的從業人員，被交辦的任務是設計福袋時，我會盡量使用很大的袋子來包裝，這種內容物從大福袋中滿出來的感覺，明顯會比小福袋更能受到消費者青睞。

雖然小巧商品容易攜帶也較便宜，但大又重的產品卻能讓人想擁有。

POINT

相較於內容量，外觀體積大的包裝有助於銷售量。

數字猜謎讀心術，贏家的秘訣

雖然我沒有超能力，卻有很高的機率可猜中各位在腦海裡所浮現的數字。接下來，就實際測試看看吧！

首先，請大家從一到十當中選出一個數字。是否已經選好了呢？我就試著猜猜看……。

那個數字是「七」吧？說不定這次我猜錯了，請各位再選一個數字……那是不是「三」呢？

這純粹只是餘興活動，或許接連兩次都猜錯了，但其實我想跟大家討論的是接下來的內容。

從一至十當中挑選出喜歡的數字，大部分的人會選擇「七」，這是已經證實過的事。「七」這個數字會牽動人心，只要知道這個冷知識，當你要設定價格時，刻意在裡面加入多個「七」或許也是不錯的方法，像是小鋼珠的「七七七」拉霸機就是很好的例子。

英國牛津大學（University of Oxford）賽門・海伍德（Heywood, S.）曾經做過實驗，受試者大約為兩百名大學生，據說有二五・九％的人在腦海中最先浮現的數字就是七。

海伍德繼續詢問受試者：「除了七以外，還會想到哪個數字？」此次出現的數字是「三」，其比例達一七・九％。

由此可知，當一群人玩猜數字遊戲時，猜「七」或「三」的成功機率約有四成。

美國耶魯大學（Yale University）麥克・庫伯維（Kubovy, M.）也做過相同的實驗，據悉有二八・四％的受試者，也是最先想到「七」這個數字。

此外，庫伯維也曾進行另一項實驗，從原本的一到十，改成在一到三十中選出最先想到的數字。根據結果統計，選擇「二七」的人數比例最高，為

二七．七%。不只如此，他亦請受試者從一到八十當中選出腦海中最先浮現的數字，而選「七七」的人數比例達一五．五%。

不過這項實驗結果或許與歐美人將七視為「幸運數字」有關，但對於國人而言，最先想到且喜歡的數字，應該是帶有「逐漸繁榮」意味的「八」；然而「四」會讓人聯想到「死」，所以國人將它票選為「厭惡的數字」。

對於數字的喜惡及選擇，絕對不是大家各有不同，的確有些數字本身就受人喜歡。

POINT

大家喜愛的數字第一名是「七」，第二名則是「三」。

高明定價策略！整數和帶尾數字的絕妙運用

在設定價格時，有尾數的價錢容易引起消費者注意，像是一九八〇元的商品比二千元更會吸引顧客目光。然而，若是談到喜歡的數字，整數反而比較會受到青睞。

以四九九九與五千這兩個數字而言，大部分的人較喜歡五千這個數字。

新加坡國立大學（National University of Singapore）譚金（King, D.）即透過實驗證實此項假說，他曾調查在一至一百當中，受試者對於這一百個數字的喜歡程度。

結果發現，相較於三六或九二這種有尾數的數字，受試者明顯比較喜歡八十或一百等整數。他推測其原因是對人類大腦而言，整數是較容易處理辨別的數字。

同時也得知，比起大於二十的數字，喜歡小於二十的受試者比例高出八・九％，推測應該是小於二十的數字較能輕鬆記住！

當聚餐需依人數計算出每人平均要分擔的費用時，因為我們不太喜歡零碎的數字，所以比起「每位要付九六五元」，「一個人要付一千元」不僅比較容易計算，且能讓人留下愉快的印象。

但各位難免會這樣想：「若跟朋友說每位要付一千元，會使得對方多出錢，因此還是除以人數計算出正確金額比較好吧！」雖然很細心地替他人設想，不過這反而是不受歡迎的做法。

此外，我們經常聽到因入場人次達一萬人或十萬人等，園方會發送慶祝紀念品，卻從沒聽過因為達到第九八二人而慶賀的案例。也就是說，整數是一件值得慶祝和感謝的事；相反地，不完整的數字便不具任何意義，更別說是慶賀或感恩了。

假如我是商店老闆，當顧客需支付的金額是二〇四〇時，我便會說：

「給我兩千就好。」直接向客人收取整數即可，而這麼做一來是因為顧客喜歡整數，二來雖然只有幾十塊，卻會讓人有賺到的感覺，這位客人或許會因此成為店裡的常客。

POINT

經過精心設計的整數，是能取悅他人且受歡迎的數字。

選項越多，顧客越容易後悔

假設有位極受女性歡迎、人氣很高的男生，目前有二十位女生向他示愛告白，而他必須從這些人當中挑一人當女朋友；此外，另一名男性只有一位女生示愛告白，理所當然他只能跟這位女性交往。

究竟哪位男生在交到女友之後會感到滿意呢？

「當然是有眾多女生告白示愛，從中挑選一人的那位男生啊！他絕對是比較開心的，不是嗎？」依據常識判斷的各位，應該也是這麼認為吧！

很可惜實際狀況並不是如此，**反而在選擇越多時，人從眾多選項當中挑出一樣後肯定會覺得後悔**，不禁心想：「或許其他選項會更好？」這即是「決策後失調」（post-decision dissonance）的現象。

西北大學（Northwestern University）亞歷山大・夏內夫（Chernev, A.）

曾透過實驗證實這個現象——他請受試者從四種以及十六種巧克力當中，挑選出一顆自己喜歡的巧克力。

受試者挑選一顆巧克力後，他又說明：「在做最後決定之前，可以更換手中的巧克力喔！」這個做法是為了調查「轉換行為」（Switching Behavior）。

所謂的「轉換行為」就是對於自己的選擇感到後悔的常見現象，心理學經常利用轉換行為進行實驗，並且將其視為受試者做出決定之後，覺得後悔或不滿意的指標。

然而，前述實驗出現轉換行為的比例為何？

當受試者從四種巧克力當中挑選出一顆時，出現轉換行為者的比例為九％，剩餘九一％的人仍維持最初選擇；但是當他請受試者從十六種巧克力選一顆時，三八％的人會換成別種巧克力。

增加選項並非是一概受歡迎的做法，原因是當選擇變多而我們卻只能挑一個時，只會讓其他選項看起來更具強烈吸引力。

從前的人通常是繼承家業無須挑選職業，而對於這樣別無選擇的想法因人而異，說不定反而覺得幸福，因為當時的人應該是將自己的職業視為「理所當然」且全心接受。

目前社會上有各式各樣的職業，大家能夠自由選擇類別反倒是一種不幸。因為無論挑哪種工作，總覺得其他職業好像比較好，被猶豫不決的心情干擾之下，不管更換幾次工作都無法感到滿意。

POINT

選項越多，決定之後越容易後悔。

商品多樣化選擇，只會降低購買慾

剛才提到當選項眾多時，選擇後的「失望感」也會隨之提高，接下來我們繼續延伸這個話題。

商品品項眾多時，確實能夠吸引消費者的注意力，卻無法刺激購買慾。增加商品選項，反而會導致產品賣不出去。

哥倫比亞大學（Columbia University）希娜・艾恩格（Iyengar, S. S.）曾向超市經營者借用店鋪進行心理學實驗——他在超市內設置果醬試吃區，分別提供六種及二十四種果醬給消費者試吃，並觀察顧客靠近試吃區時的行為反應。

當試吃區放置六種果醬時，約有四〇%的顧客會停下腳步；試吃區擺放二十四種果醬時，約有六〇%的客人會停下觀看。

換言之，**增加商品選項比較容易吸引消費者「目光」**，但實際掏錢購買的比例又是如何？

結果竟然是放置六種果醬的試吃區有比較多的顧客選擇購買，該區停下腳步的客人雖然較少，但卻有三〇％的人願意掏錢購買；擺放二十四種果醬的試吃區，購買的顧客竟然僅有三％。

「覺得選項太多，反而不知道該選哪個！」提供眾多選擇時，大部分的人會因此感到苦惱。再三考慮之後所做出的決定就是：「算了，今天還是不要買吧！」或許是不想因為選錯而感到後悔。

然而，製造廠商認為商品選項眾多肯定能夠取悅顧客，其實只會徒增消費者煩惱，進而打消購買念頭。

最好的證據就是便利商店，店內會陳列著飲料、原子筆等各種商品，但是每種產品頂多放置二至三個品項。顧客並不會因為品項少而感到不滿意，反倒是選項有限，不用花太多精神挑選而覺得感謝。要是商家提供眼花撩亂的商品選項，反而會導致人們決定「不購買」。

我自己也是如此，原本想要換車卻在閱讀各種宣傳廣告之後，越來越不知道該選哪一款，結果就打消換車的念頭。

POINT

商品選項多，雖然可吸引顧客「目光」，卻無法刺激購買。

為何顧客不一定會選優質商品？

當我們挑選商品時，往往會選擇「感覺好像在哪裡看過」的品項。各家廠商之所以大量在電視或雜誌媒體刊登廣告，就是利用消費者的這種心理。

德州大學（University of Texas）韋恩・赫亞（Hoyer, W.D.）曾經做過實驗，他將廣告常見的一款花生醬以及不曾宣傳過的兩款花生醬，合計三種品牌拿給消費者看，請他們選出自己喜歡的花生醬。

此項實驗的假設是，消費者對於經常在電視等媒體廣告上出現的品牌，熟悉度較高或較有好感，因此會選擇此品牌。

研究結果的確符合他的假設，據悉有九三・五％的消費者選擇曾看過廣告的花生醬品牌，詢問他們挑選這個品牌的理由，四五・二％的人是因為看過此款花生醬；選擇未做宣傳的兩款花生醬，其比例分別僅為一・一％及

五．四％。

由此可知，我們會安心選購曾經看過的商品。幾乎很少人考慮價格或成份等因素，大部分消費者似乎憑藉著是否熟悉商品而決定購買與否。考量價錢挑選商品的比例為一四％；考慮成份則為一〇．八％，大幅低於以品牌選擇商品的比例。

不曾在廣告上看過的商品，總覺得哪裡怪怪的。相對於此，如果經常在電視廣告看到這項產品便會覺得：「沒錯，就是這個牌子呀！」因此感到安心而購買，但**對於自己不清楚的商品，經常會猶豫不決**。

當消費者對於品牌有所認知時，或許不太需要借助廣告的力量。不過在尚未建立品牌知名度之前，宣傳就顯得相當重要。

考生在選填大學志願時也是如此——知名大學之所以會收到如雪片般飛來的入試申請，這是因為多數考生知道這間學校的緣故；相反地，新大學在設立之後，由於大家不太熟悉往往敬而遠之，因此該校便需要花很多精力招募學生，這就是一般人的心理傾向。

我想市面上還是有許多不曾透過廣告行銷的優質商品，但是我們大都不太在意它的品質或成份等這類因素，只端看自己「是否曾看過廣告」來決定要不要購買。然而，認真製造的商品卻會因為廣告方法錯誤嚴重影響銷售，由此可知宣傳的重要性！

POINT

消費者並不是購買好的商品，而是選擇經常看到的產品。

專欄

改變包裝，就能提升銷量

大部分的商品都有固定的容器或包裝型態，坊間常見的牛奶盒就是斜頂式的長方體，泡麵則是杯裝或是碗公造型。

即使內容物相同，只要改變容器包裝亦有助於銷售。

採用獨特的容器包裝，能夠引起顧客的注意，進而吸引他們選擇該商品，據說可口可樂便是因此成功行銷全世界。

眾人皆知可口可樂瓶身為曲線造型，這是以女性穿著裙裝時的姿態為設計元素，造型十分特殊，而可口可樂能夠行銷全球，應歸功於這種獨特包裝。

南加州大學（University of Southern California）瓦雷利·福克斯

（Folkes, V.）曾經提出一項假設——特殊包裝比較容易引起顧客注意，然而他為了證實此假說，就在兩間超市進行實驗。

首先將蘋果汁放入「普通瓶子」以及「蘋果造型」的特殊瓶身內，並且詢問顧客的意見。據實驗結果顯示，有八七．五%的顧客表示裝在蘋果造型內的果汁「看起來容量比較多」，而看似容量較多的商品，往往更能刺激消費者購買意願。

出版業也有類似的情形——大部分的書籍都是四方形，不過兒童繪本則有一些外型是房屋、音樂盒或是小提琴的形狀。翻開書本之後，有些繪本的構造甚至類似手風琴的風箱或是立體書。

為何要製作形狀如此獨特的書籍呢？因為相較於普通包裝，我們對於特殊造型比較感興趣，進而有助於銷售量。

做別人不願意做的事，是商業成功的秘訣，而改變包裝算是相對容易可行的方式，或許可說是絕佳的行銷手法吧！

第五章

異性交往，怎麼選最速配、不懊悔

女性如何選擇伴侶？擄獲芳心的關鍵

假使有兩位男性同時告白，女生會選擇哪位呢？只需觀察兩位男生的容貌，我就能知道她會選擇的對象。**但是判斷的基準並非是男性長相帥氣與否，而是跟該名女性父親的相似程度**，因為女生會傾向選擇與自己父親相像之人。

加州州立大學（California State University）阿朗·米勒（Miller, A.R.）曾經做過實驗，他請三十二位女性受試者觀看各種類型的男性照片，並選出自己理想中的戀人。

此外，每位女生須於事前提供父親的照片，如此便能得知她們選擇對象的長相跟自己父親的相似程度。

實驗結果顯示，三十二位女性當中有十七人選擇跟父親面貌最像的男性做為理想中的戀人；挑選完全不像父親者只有八人，其餘七人則是介於中間。

由此可知，女性在不自覺當中會選擇與父親類似的男性，甚至是超過半數的女生均有這個傾向。

然而，大多數女生進入青春期後，會有一段期間討厭父親，升上國中、高中的時候，完全不跟爸爸說話的人也不在少數。若要探究箇中原因，一般認為或許是生物為了避免發生近親相愛所設下的保護機制——如果愛上自己的父親，後續將會產生許多問題。既無法與爸爸結婚，假使懷孕也容易生出有基因問題的下一代。

因此透過此種生物學的保護機制，使得女性在這個階段討厭父親。但過了青春期且到達某個年齡之後，開始與其他男性交往時，這個生理層面的保護機制就會減弱，轉變成喜歡類似父親的男生。據說許多男性都有「戀母情結」，其實從女性身上也可以看到「戀父情結」。

面對熟悉的人自然會讓我們感到安心，但若是跟完全不熟的人交往，只要對方跟自己的父親或母親有相似之處，不僅覺得心安也更容易親近！

我們喜歡跟自己有類似之處的人，也就是所謂的「類似性法則」，這好比父親及母親對你而言不只是家人，也是跟自己有相似地方之人。換句話說，或許我們不是喜歡「類似爸爸或媽媽」的人，而是喜愛「與自己相似」之人吧！

POINT

女性會選擇「與父親相似」的男性。

挑選閨蜜好友的暗藏法則

各位知道我們是以何種條件擇友的嗎？

「當然是剛好在跟自己聊天的人啊！」

「不就是偶然坐在隔壁的人嗎？」

或許各位讀者會這樣認為，但其實我們在結交朋友時，背後也是受到連自己都不曾注意過的心理作用所影響。

具體而言，我們明顯傾向選擇「跟自己姓名發音類似的人」做為好友。因為名字發音跟你越相近的人，越覺得有親切感。

就以我的名字「內藤誼人」來說好了，對於「內村」等發音相似的人，比較容易產生好感及親切感；如果姓氏是「渡邊」，他的朋友當中名為「渡部」或「渡瀨」的人應該也不少！

請各位試著回想自己最好的朋友，那個人的姓名是不是跟你有共通點呢？

假使你的名字是「美沙」，好友當中是否有名為「美由紀」、「美穗」的人？亦或是文字不同，但發音相近的人？

你的好友姓名是否符合上述的共通點呢？東密西根大學（Eastern Michigan University）馬蒂．席格（Segal, M.W.）曾經請學生「列舉出好友的姓名」，並調查每位學生與好友姓名之間的關聯性。

學生寫出的六十五位好友當中，實際上有二十九個案例（四四．六％）明確發現兩人姓名的第一個字母相同。舉例而言，名字為「Alfred」（艾佛列）的人會選擇「Alexander」（亞歷山大）當朋友。

名字的「相似程度」也是產生「親切感」的原因。

假使知道這個跟姓名有關的交友原則，你就可以跟其他人玩猜猜朋友名字的心理遊戲：「由於要猜測你的朋友姓名，因此請提供三個名字，但當中必須要有一個是真的朋友姓名。」你只要選擇跟對方姓名最類似的名字，就能準確地說出正確答案，使得他人感到驚訝不已！

我們喜愛自我的名字，也容易喜歡跟自己姓名相似的人。假使客戶很難搞定，不妨就讓名字跟對方相近的人負責跟他交涉，客戶便會在不自覺當中喜歡那位業務，不至於提出不合理的要求，案子也能順利推動。

POINT

對於名字相似者會產生親切感。

驚人的「姓名心理效應」

先前曾經提及我們十分喜歡自己的姓名，在自我未察覺的狀態下，會選擇跟自己名字相似的人當朋友，這個原則就連「挑選居所」、「選擇職業」都會受到影響。

紐約州立大學（State University of New York）布萊德·佩勒海姆（Pelham, B. W.）透過數據證實這項假設，他將常見的前一百種男女姓名與美國四十個大都市名加以比對，並統計人名與都市名之間的相似程度。

結果顯示在「Milwaukee」（密爾瓦基市）有眾多「Mildred」（蜜卓）女士，而在「Virginia Beach」（維吉尼亞海灘市）則是住著許多叫做「Virginia」（維吉尼亞）的女性。

男性的姓名也有類似的現象——在「Jacksonville」（傑克遜維爾）裡住

著眾多名為「Jackson」（傑克遜）的男性；在「Philadelphia」（費城）則住著許多「Phillips」（菲利浦）先生，而且人數多到已經超出巧合的範圍。

我們對於跟自己姓名相似的都市，容易感到親切或迷戀。

美國人喜歡隨個人愛好遷徙或搬家，自行選擇居住地點並不困難，但國人則會考量工作地點等因素來決定居住地，因此前述的統計數據是否適合直接套用於別的國家無從得知。

順道一提，根據前述實驗結果發現選擇職業也有類似的傾向。例如名為「Dennis」（丹尼斯）的人較容易成為「Dentist」（牙醫）。對於跟自己姓名相似的職業，我們會在未察覺的狀態之下而抱有好感。

選擇品牌時也是如此——以我而言，對於跟自己的姓氏「內藤」發音相近的「NIKE」或是「NINA RICCI」等品牌容易產生好感。

或許你認為自己完全沒有將上列因素納入考慮範圍，但其實心裡還是多少會受到影響，只不過沒有意識到罷了。

各位應該都知道人類行為一定會受到心理的影響，但一定沒想到**姓名的牽涉層面竟然遍及選擇朋友、居住地點、職業**，不禁讓人覺得有點恐怖。

因此，請各位回想看看自己的姓名是否與居住地點或職業有所關聯呢？

POINT

只要強調：「我也是！」即使與初次見面的人聊天也不冷場。

該不該交往？約會聚餐的習慣最能看出

性情急躁的人喜歡急性子之人；崇尚自由的人跟悠閒自在之人在一起則會感到平靜。因此選擇男女朋友時，多半會挑跟自己性格相近的人。

加州州立大學（California State University）馬利．莫瑞爾（Morell, M. A.）曾經準備多份個人資料檔案，並詢問受訪者會選擇跟哪位異性約會。

他將檔案分成「急驚風」及「慢郎中」兩種類型的人，亦於事前調查每位受訪者的個性是屬於何種類型，最後發現受訪者的選擇比例如下：

從下方數據可發現，無論是急驚風的男性或女

挑選對象 ＼ 受試者	急驚風男性	急驚風女性	慢郎中男性	慢郎中女性
急驚風類型	70%	64%	35%	17%
慢郎中類型	30%	36%	65%	83%

性，似乎都是以同類型異性為理想對象，而慢郎中也喜歡相同性格的人。

由於個性步調不同，當急驚風與慢郎中相處時，的確會有很多拘束或不自在——性格急躁的人趕著要出門，而慢條斯理之人卻想等準備就緒後再出發，反而使彼此都變得焦躁。假使想配合對方步調自己就得忍耐，但忍得了一時卻無法忍耐一世。如果不同類型的人成為人生伴侶，將是彼此之不幸。

看來在選擇人生伴侶時，最好還是挑步調與自己相近的人。

至於對方是急忙慌張還是悠閒自在的類型，可從平常的行為得知，最快的判斷方式便是觀察對方吃飯的模樣——個性急躁者的用餐速度很快，就像蛇吞獵物般三兩下便吃得清潔溜溜。透過這種小地方，能快速分辨對方類型，進而得知彼此是否合得來。

POINT

只要觀察吃飯方式，即可得知雙方是否投緣。

為何「男高女矮」的組合比較多？

無論是夫妻或男女朋友，仔細觀察男性與女性的身高後，我發現一個有趣的現象——那就是男高於女的組合比較多。即使身高偏矮的男性也是如此，他們會找更嬌小的女孩子交往。

偶爾看到女高男矮的組合，仔細一看發現原來是女生穿著高跟鞋，或許脫下鞋後還是男生略勝一籌吧！

然而，已有實驗證實男性喜歡比自己嬌小的女性，女生則喜愛比自己高大的男生——美國聖十字學院（College of the Holy Cross）詹姆士．歇帕德（Shepperd, J. A.）以未婚男女為對象進行調查，高達九五％的女性喜愛比自己高的男性；只有三％喜歡跟自己一樣高；二％中意比自己矮的男生。

「我喜歡個子比自己矮的男生」雖然也有女性喜歡較矮的男性，不過畢竟比例只有二%。

反觀男性又是如何？根據同項實驗，高達八〇%的男性喜歡個子比自己嬌小的女生；一四%中意相同身高的女性；只有六%的男生喜歡比自己高大的女生。

從這項調查數據可得知，男生與女生對於異性身高的喜好可說是相互契合、取得完美平衡——男性喜歡比自己個子嬌小的女性，女生則中意比自己高大的男生。

至於男性為何喜歡嬌小的女性，女生為甚麼中意高大的男生，目前並不太清楚箇中原因。或許是因為個子高大的男生看起來具備經濟能力、社會地位較高，能夠讓女生感受到男性魅力。

個子嬌小的女性則是因為看起來較顯柔弱，成功誘發男性「想要保護對方」的心情；又或許是面對個子比自己高大的女生時，就好似矮人一截，為了避免這種窩囊的感覺，所以喜歡比自己嬌小的女孩子吧！也許還有其他的因素，不過目前尚未有明確的原因。

無論如何，有關男性與女性對於身高的喜好，可說是順利達成平衡狀態。假使男女之間對身高的需求不一致卻想要成為戀人或夫妻，可能會變成難以跨越的關卡！

POINT

男生喜歡嬌小的女生，而女性則中意高個子男性。

美女與野獸？容貌長相的選擇秘密

我們對於容貌的喜惡絕非固定不變，容易受到近期看到的相貌所影響。

加拿大麥克馬斯特大學（McMaster University）菲力浦．庫柏（Cooper, P. A.）以「記憶容貌」為題，請受試者記住四十張照片。

他準備的相片都是電腦合成，人的眼睛、鼻子及嘴巴都略偏上方。換句話說，就是看似戽斗的容貌。接著他再另外提供各種容貌的相片，請這些受試者選出具有吸引力的長相，結果出乎意料之外。剛才看過許多戽斗照片的受試者，不知為何竟然對戽斗長相的人給予很高的評價，認為戽斗是具有魅力的容貌，而是否因為看了很多戽斗照片以至於感覺麻痺無從得知。

此外，他又使用電腦合成照片，只是這次所準備的是眼睛、鼻子及嘴巴都略偏下方的長相，同樣以記憶容貌為名義，請受試者記住照片中的容貌。

接著讓他們從各種長相中，選出具有魅力的容貌。結果顯示，此次他們對於眼鼻口均略偏下方的長相給予高度評價。

我們對於容貌的評斷似乎會受到視覺殘留的影響，經常看到的相貌，即便其貌不揚似乎還是具有吸引力。如此說來，倘若某人的兄弟姊妹長相不佳，縱使他的相貌不錯也還是會選擇和醜陋之人結婚，這樣的例子時有所聞。或許是平常在家裡已經看慣類似的容貌，因而認為這種長相具有魅力。

平日不常欣賞美麗或帥氣容貌的人，在選擇戀愛對象時，將大幅降低對於長相的要求，可能會因此喜歡容貌不佳的人，進而選擇對方成為交往對象。這絕非是壞事，我只是希望大家知道人類有這個傾向罷了。

即便是長相不佳的人，只要看慣了我們似乎能不介意外表而愛上對方。

POINT

我們會根據近期看到或看慣的容貌來挑選對象，因此不妨多欣賞那些美麗帥氣的藝人吧！

男女擇偶條件大不同

男性是受到女性什麼條件所吸引？相反地，女生又是從什麼地方感受到男性魅力呢？雖然答案因人而異，有些人喜歡結實的臂膀、豐滿胸部、纖細腳踝，或是溫柔的個性等等，或許大家都能列舉出自己的喜好，不過大致已知男女之間受到吸引的特徵如下——

- **男生注重女生的「容貌」**
- **女性重視男性的「經濟能力」**

西北大學（Northwestern University）保羅・伊斯特威克（Eastwick, P. W.）曾經做過一項「快速約會」實驗，他安排一六三位男女見面，依序個別聊天四分鐘後從中挑選喜歡的對象。實驗結果如同前述內容，男性只看女性「長相」，女生則是將「經濟能力」做為選擇伴侶的判斷依據。

或許表面上列出許多選擇伴侶的條件，其實男性還是喜歡美麗的女性；女生也沒好到哪裡，說得頭頭是道但心裡還是介意男生是否具備經濟能力。沒有經濟能力的男性，縱使長相俊俏女性仍會擔心結婚之後的生活。雖說現在有許多女人結婚後仍持續工作，可是一旦懷孕請產假，家中經濟仍是得仰賴男人的工作收入，因此女性會從極為現實的角度評斷男性。

說起來男性挑選伴侶時就不太貼近現實層面，只看「長相是否可愛」來選擇另一半。雖然我們常說：「人不能單看外表，要發掘內在美！」不過上述的情況確實時有所聞，而我並不是評論這種做法的優劣，只是讓大家理解這個事實，男女之間就是以此相互評價對方。

POINT

女性並不是只靠外表選擇對象。

何種打扮最有吸引力，受人喜愛？

不管是小狗、小貓、小獅子還是小鴿子，剛出生的寶寶全都長得很可愛，但各位有想過為什麼嗎？根據動物學的說法，一般認為幼兒為了生存下去以及讓父母好好照顧自己，出生時的模樣都相當可愛，那人類的世界又是如何呢？人類寶寶的長相是否也很可愛？

天普大學（Temple University）威廉・佛拉德（Fullard, W.）等人曾以嬰兒、幼童及大人的容貌進行實驗，結果發現還是嬰兒看起來最可愛，接著是幼童，而大人的臉就不太討喜了。

倘若談到寶寶的長相為何顯得可愛，這不僅是因為臉型呈現圓形的緣故，輪廓、臉頰和眼睛也都是圓潤的模樣。

「圓圓的形狀」能讓人放鬆心情，無論是哆拉A夢或是麵包超人，這些深受喜愛的卡通人物，圓圓的臉型輪廓也是為了讓大家覺得可愛！

很有趣的是，成年後被稱為「娃娃臉」（Baby Face）的人都是圓臉。從心理學研究可證實，相較於國字臉，圓臉的人更能顯露出善意或吸引力。但隨著年紀增長，臉型的輪廓變得有稜有角，不再是孩童時期的模樣，魅力也會隨之下滑。

美國布蘭迪斯大學（Brandeis University）萊斯里．賽布洛維茲（Zebrowitz, L. A.）請年長者提供自己八歲、十歲、十五歲、十七歲、三十一歲、五十六歲及六十二歲時的大頭照，據悉男性大約到三十多歲，女性約到十幾歲為止，仍保有孩童時期的臉型，且被評為「具有吸引力」的臉龐。然而，到了五十多歲時，男性及女性的臉型均不屬於「娃娃臉」，可愛程度也明顯大幅降低。

為什麼上了年紀之後，容貌就喪失孩童時期的吸引力呢？這是由於起初嬰兒為了生存需要他人保護，但成年之後便不需借助別人的幫助，因此亦不用再仰賴可愛的長相。

寶寶之所以看起來可愛，是希望藉由可愛長相，讓他人燃起「想要照顧這個孩子」的心情。寶寶透過這種樣貌達到目的，可說是採取了相當高明的策略。

POINT

想給人「可愛」的第一印象，關鍵在於化妝時讓臉部呈現圓潤。

心理學家證實，女性較受寵愛的特點

假設有兩位女性都想要搭便車，請各位思考看看，司機會選擇哪位呢？倘若其中一位是美女，搭便車的成功機率就會提高許多；但若是美貌差不多的兩位女生呢？

心理學家只需看一眼，即可準確地預測「能夠成功搭便車的女性」，而觀察重點就是女生「胸圍大小」。男性喜歡上圍豐滿的女性，對於這類女性，不知何故態度就會變得比較親切。

法國南布列塔尼大學（Université de Bretagne-Sud）尼可拉斯．賈于庸（Gueguen, N.）為了驗證這個假說曾進行以下實驗——由十五名男性評斷為「一般相貌」的二十歲女性助理，裝扮是白襯衫搭配牛仔褲，差別只是在路邊搭便車時，穿著A罩杯、B罩杯及C罩杯的胸罩。

接著，由兩名觀察員從距離五百公尺處統計路過且願意停下車的男性司機人數（共有七七四名實驗對象），得到以下結果——

• 穿著A罩杯時的比例為十四．九二％
• 穿著B罩杯時的比例為十七．七九％
• 穿著C罩杯時的比例為二四％

實驗結果顯示，罩杯越大也就是較豐滿的胸圍，司機停下車子的意願便越高。

「要對這個平胸女生伸出援手嗎？還是算了吧！」或是「這個女生胸部豐滿，身材真好！要幫幫她嗎？」或許男性司機在不自覺當中就會做出上述判斷。

職場內應該也有那種讓男性員工百般奉承，使人好生羨慕的女生。那位女性同仁是否擁有傲人胸圍呢？一般認為跟其他女生比起來，越豐滿的女性，越容易被異性捧在手心。

男性不自覺會溫柔對待擁有傲人胸圍的女性，女生若想要誘發這種心理，加大罩杯尺寸可說是快速又有效的方法！

POINT

許多男性會被女性的胸圍大小影響態度。

擇偶還是一夜情，女性的選擇條件不一樣

據說女性在選擇一夜情的男性與挑選戀人時的判斷基準並不同。她們大都心想：「反正只是共度一夜春宵。」因此不會用選伴侶的標準來看待。

若問到女性會選擇何種男性共度一夜春宵，簡言之就是「體型魁梧的男人」。她們認為上半身的肌肉線條明顯、身材健美的男性適合作為偷情對象。

美國衛斯理學院（Wellesley College）馬嘉禮・盧卡斯（Lucas, M.）準備各種類型的男性身體照片，請九十五名女性受訪者選出「適合共度一夜春宵的對象」，並對每位男生個別評分。實驗結果顯示，魁梧健美的男性最容易被選為冒險偷情的對象。此外，他也請受訪者針對「適合做為長期交往的戀人」加以評分，此時女性便傾向避開體型魁梧的男性。

真心交往還是露水姻緣？女生在選擇對象時採取不同的基準——當情況

為「只是玩玩而已」便傾向身材健壯的男性；「想要長期交往」時，則會考慮挑選個性好相處的類型，而且基本上男性和女性都是一樣的態度。

澳洲西雪梨大學（The University of Western Sydney）彼得．強納生（Jonason, P. K.）曾對男性進行相同的研究，發現男生在選擇「偷情對象」時，女生的「長相及身材」吸引力相形重要；當情況改為挑選「長期交往的對象」，男性則會重視「認真」、「開朗」、「溫柔」等特質。

然而，以男性讀者為主的雜誌會強調：「要鍛鍊身體才能受到女性歡迎！」因此經常刊登啞鈴、訓練腹肌的器材等推銷廣告。確實只要鍛鍊出好身材就能吸引女性目光，不過那只是針對想尋求偷情對象的女生。若是對於會考慮認真交往的女性，與其展現健美體魄，不如強調自己的個性優點。

POINT

身材健美固然能吸引女性目光，卻無法成為她的真命天子。

專欄

「聊天話題」該怎麼選，最受歡迎？

經常成為閒聊話題的內容包括天氣、經濟或政治等等，不過選擇這些話題時，是否有固定規則呢？

受人歡迎的閒聊話題，就是「他人的閒話及八卦」。對人類而言，似乎對於「談論別人之事」非常感興趣，這也是炒熱氣氛的絕佳素材。如果看到一群人在閒聊，他們絕對是在談論「他人的閒話」。

東北大學（Northeastern University）傑克．萊文（Levin, J.）曾經進行過一項研究，他在學生助理的協助之下，前往學校交誼廳偷聽其他學生聊天，該研究目的是調查何種內容會成為閒聊話題。

每天早上十一點到下午兩點，學生助理會在這三小時內「偷聽」他人閒聊並且持續八週，試著分析這段期間所收集到的話題。結果顯示，七一％的女性、六四％的男性會談論與「他人」有關的八卦。

「喂喂！你們知道嗎？總務部的小A好像跟Y部長搞不倫戀耶！」

「哇賽！真看不出來她是那樣的人！」

我們之所以經常在公司聽到這類對話，是因為人類原本就很愛說長道短。相較於男生，女生似乎更加喜歡這類話題。

關於閒聊的內容則有男女之別——據說女生多半談論身旁的友人或家人（占整體的五六％），而男性則大多是討論運動選手或知名人士的事情（占整體的四六％）。

雖說是談論他人之事，也不全然都是說人壞話或造謠中傷，也會講到對方的優點。根據萊文表示，正面與負面傳聞的比例，兩者間沒有太大差異。

即便根據上述實驗得知比例上有細微差異，但無論男女同樣喜歡談論他人是非，就這一點而言並沒有太大的不同。所以當人聚在一起聊天時，幾乎可以很肯定的是——他們正在談論「某人」的事。園藝等跟興趣相關的話題，或是宇宙起源等科普知識，則很少成為閒聊素材。

雖然道人長短容易成為炒熱氣氛的話題，但是不要因此說出太過分的話，一旦傳入當事人耳裡，恐怕將造成難以收拾的局面，所以還是要提醒自己，盡量不要在背地裡說他人壞話！

第六章

運用選擇心理學，提升競爭優勢

這個時刻，千萬別做重要決策

當時間受限人就會喪失冷靜的判斷能力，明明仔細思考後便知道是高風險行為，卻因為時間緊迫而選擇冒險的情況並不少見。或許這是因為時間不足，膽量就會變大的緣故吧！

「什麼嘛！一定會順利進行的啊！」縱使毫無根據卻一味認定會成功，這也是欠缺思考時間經常出現的情況。

瑞士佛立堡大學（University of Fribourg）奧斯華・修伯（Huber, O.）曾詢問學生：「該如何拯救瀕臨絕種的海龜？」並讓他們思考下列選項——

A：在某個海邊產卵，雖然安全但產卵數量少。

B：在某個小島產卵，雖然有被其他動物襲擊的危險性，但是產卵數量多。

根據修伯表示，該問題的正確選項是A，因為孵化後的小海龜能夠確實長大；雖然B選項的產卵數量多，卻會被其他動物襲擊導致中途夭折，屬於高風險選項。

另外，他又將學生分成兩組，一組所設定的條件是需面對「時間壓力」，此組學生必須在短時間內做出判斷；另一組則沒有時間限制，可以仔細思考。

實驗結果顯示，當學生面對時間限制，必須急忙做出判斷時，七五％的人會選擇B，而沒有時限的組別，只有四五％的人選B。

從這份數據可以得知，**當時間不足的時候，最好不要做出重要決定，因為大部分的人容易選擇高風險項目**。

例如想要購買新車或是新房時，千萬不可急著做抉擇。當你心想「一定要在什麼日期之前決定」，這個想法就會變成時間壓力，導致做出高風險決定。

面對重要決策時，應避免因為著急而做出奇怪的決定。與其做了決策之後才覺得後悔，一開始就仔細思考才是比較妥當的做法。

決定結婚對象也是如此，要求自己「無論如何在幾歲之前一定要結婚」一旦加諸這種時間壓力，反倒會跟不投緣的人交往。人生大事必須仔細思考，做好準備才行。

POINT

在時間限制的壓力之下，人會選擇「高風險」項目。

胖瘦、髮量、身高，哪種因素面試易受挫？

各位是否曾想過，面試官比較喜歡哪種類型的人？甚麼樣的求職者容易被錄取？這些人具備哪些特徵？

東田納西州立大學（East Tennessee State University）諾門·哈金斯（Hankins, N. E.），曾調查何種外貌在面試時能獲得較高評價。

他先虛構一份男性個人檔案，並將這份資料複製且換上不同的大頭照，以此方式製作多份履歷。接著詢問閱讀過這些履歷的人想要雇用哪位男性，而這項實驗中所調查的具體外觀特徵如下——

❶身材：苗條或肥胖
❷髮量：豐厚或稀疏
❸身高：高挑或矮小

至於實驗結果又是如何？事實上只有一項因素會影響錄用與否——那就是「身材」，身型苗條的男性在面試時比較容易獲得好評價。

面試官不自覺地會給予身材苗條的男生較為有利的評斷，進而傾向錄取他們；反言之，面試官對於體型肥胖者則評價較差，很少有人喜歡胖胖的人。

搞笑團體「Honjamaka」成員石塚英彥以口頭禪「美味好吃」聞名演藝界，雖然這世上也是有像這位身型肥胖卻受到歡迎的明星，不過對於極為普通的人而言，肥胖將會影響社會對自己的觀感！

為了面試成功，求職者除了須接受相關的職業訓練之外，苗條體態也同樣重要。

順道一提，針對髮量豐厚或稀疏、身材高挑或矮小等因素是否會左右面試結果，從上述實驗當中並未獲得明確結果，因此可推斷這些似乎不會影響錄用與否。

由上述理論可推斷，即便是禿頭也沒有必要戴假髮；雖然個子矮小，也無須穿上矮子樂讓自己看起來高挑一些，因為髮量及身高並不會成為求職面試的不利因素。

POINT

與容貌外型有關的三大自卑情結當中，只有肥胖不利於面試。

開會時，該挑哪個位置坐？

會議出席者當中有地位崇高或年長之人時，理所當然由其擔任主席或是會議結論彙整，這類人容易被推選為主導者。

如果與會者之間完全沒有地位差別、年齡也相近，哪種人容易被推選為會議主席？又假使與會人員無論在說話條理、領導能力或資質方面也幾乎相同時，較易被選為領導者的又是誰？

在前述情況之下，大家並不是隨機選出會議主席，其實是依據座位的配置來決定主導者。

內華達大學（University of Nevada）丹尼爾・傑克遜（Jackson, D.）曾準備座位配置圖，並詢問受訪者：「請問你會選擇哪位擔任會議主席？」

實驗結果顯示，一般所謂的「壽星座位」也就是坐在下方座位圖黑點的人，較容易被推選為會議主席。

大家並不是隨機選擇，被推選為領導者的機率也不是六分之一。根據統計，坐在會議桌短邊兩側的人，被選為會議主席的機率達七〇・五%。然而，此項調查亦不受男女性別的影響，只要坐在「壽星座位」就容易被選為領導者。

由此可知，假設你想擔任會議主席，不妨一開始就選擇坐在這兩側的座位；相反地，倘若不想被推選為領導者，最好避開「壽星座位」。

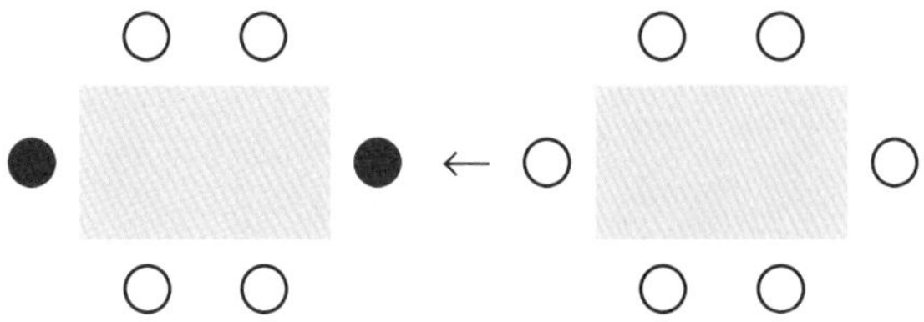

POINT

除了地位或年齡因素之外，我們亦會以座位決定會議主席。

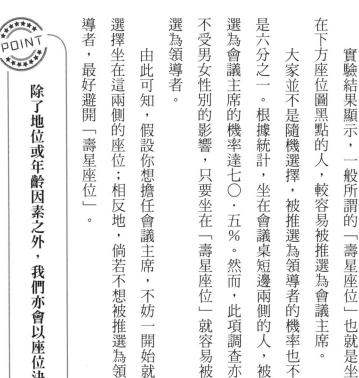

習慣傾聽與善於建言，哪樣較受人歡迎？

將自己的煩惱告訴他人後心情會舒暢許多，我想大家都有過類似的經驗，無論是公事或私事方面，當遇到令人煩心或討厭的事情時，就會想要找個人商量傾訴。

雖然有時還必須陪著喝酒聽人發牢騷，令人難以忍受！不過這世上似乎有一種人特別容易成為「他人諮詢或商量的對象」，一直不斷有人前來找他傾訴煩惱，其實我也是屬於經常聽朋友抱怨的人。

然而，哪種類型的人屬於「容易成為他人諮詢或商量的對象」？

若依常識思考，那種認真聆聽對方煩惱且能提出良好建議的人，看似比較容易成為他人商量諮詢的對象。

但實際上，能否「給予好建議」與「成為別人商量諮詢的對象」，兩者之間似乎沒什麼關聯，我們並不是為了尋求好的建議而選擇能傾吐心事的對象。

美國北卡羅萊納大學（North Carolina State University）教授大維・賀夫曼（Hofmann, D.A.）曾詢問一四六名護士：「有煩惱時，會找誰商量？」並針對經常接受商量諮詢的對象進行研究。

根據實驗結果顯示，容易成為他人商量與諮詢的對象是「容易攀談聊天的人」。這種人並不是擅長說話或是能夠給予許多良好建議，而是容易親近的類型。

「跟他說話沒有壓力」，這類型的人較易成為商量諮詢的目標人物。然而有些人會散發出讓人難以接近的氛圍，感覺起來很難攀談搭話，我想任憑誰也不會想要找他商量。

你經常接受他人商量或諮詢嗎？即使沒什麼重大事情，也常常有人找你攀談？你就是屬於「眾人喜歡傾訴煩惱的類型」，或許有時還會為此感到困擾，必須經常接收一堆他人的憂愁煩惱！

其實當別人找你傾訴時，只須適時給予些許反應，對方就會自己找出解決對策，因此無須給他建議只需聆聽即可。

POINT

想要成為受部屬仰賴的主管，重點在於「傾聽態度」。

喜歡「先攻」或「後攻」，能看出性格

有些運動項目有分「先攻」與「後攻」，其實從選擇「先攻」或「後攻」也可看出某種特質。一般而言，越是擁有權力慾望者越喜歡「先發制人」，他們不太想要「後攻」，這類型的人會讓自己不斷向前衝刺、往前攻擊。

紐約大學（New York University）喬・馬基（Magee, J. C.）曾經以三人為一組參加辯論為例，請受試者選擇要「先攻後守」或「先守後攻」。此外，在讓受試者抉擇之前，已請他們接受過「權力慾望」的心理測試。

分析結果顯示，權力欲望較高的組別有五四％的人選擇「先攻後守」；權力慾望較低的則有八六％的人選「先守後攻」。

權力慾望強的人會使勁往前進攻、喜歡競爭，他們屬於完全行動派，能迅速做出決策判斷。比方說當大家到餐廳聚餐時，可快速決定餐點者，多半

是此類型；反覆翻閱菜單卻遲遲無法決定，大多是權力慾望較低的人。

因此只要觀察周遭的人，發現他總是快速決定事情、喜歡搶先，就可推測「他是擁有權力的人」！由於這種人在等待時會覺得焦躁，所以避免讓他久等才是比較妥當的做法。

雖然有權力的人多半屬於急性子卻不是難相處的人，如果能夠配合對方的步調，或許這類人反而很好說話，因此工作時我反倒比較喜歡急性子的人。

「你是擁有權力慾望的人嗎？」、「你不畏與他人競爭、想要飛黃騰達？」即使詢問上述問題，也無法得知對方是否會誠實回覆，不妨問他：「打棒球或下圍棋時，先攻比較好還是後攻呢？」這種問法對方回答時比較不會有戒心。如此一來，就能夠暗中了解他的權力慾望強烈與否。

POINT

有權力慾望者偏好「先發制人」。

選對做事順序，生涯成功的致勝關鍵

當人面對討厭的事情或工作時，可分為兩種類型——一種是「延後處理」，另一種則是選擇「優先處理」。

至於哪種類型的人會「優先處理」呢？若是將來想要出人頭地者便會這麼做。

因為面對討厭、麻煩的事情時，大部分的人都會想要逃避，不過為了避免牽腸掛肚，有成功慾望者會選擇優先處理。

紐約市立大學（The City University of New York）賀法・班貝納提（Bembenutty, H.）以大學生為對象詢問他們面臨參加演唱會、觀看球賽，或是念書、寫作業等情況時，會選擇「先享樂」還是「先吃苦」？

另一方面，他也事先調查學生的學業成績，回答「先念書」的人成績表現越好。

根據班貝納提表示，**選擇優先處理討厭事情的人，時間管理能力較佳，也善於安排工作計畫**，可說是具有未來成長性之人！

「先處理討厭的工作，就能先苦後樂！」這個想法會提高盡快解決麻煩事的意願，因此能夠一件接著一件快速地完成工作。

反觀延後處理者，不僅容易使得壞心情持續很久，工作也淪為拖拖拉拉的狀態，很難想像這種人能夠在事業上有好的表現。

選擇優先處理討厭事物的類型，或許可說是「能夠等待獎勵的人」。

哥倫比亞大學（Columbia University）沃爾特・米歇爾（Mischel, W.）表示，能夠等待享樂或獎勵的幼稚園學童，從入學以來成績便較為優異。隨後他更進一步追蹤，待這些孩童邁入社會之後，也能成為一個具備才能的大人。

畢竟是令人討厭的事情，只要是人都會想要延宕處理。然而，即使暫時逃避到最後還是必須面對。其實優先解決討厭的事物，心裡應該會比較舒暢，更何況這類型的人具備未來的發展性，因此我建議大家轉換想法成為「先苦後樂」的人。

POINT

選擇「優先處理討厭事情」的人，越能夠出人頭地。

讓自己看起來較高挑，能提高職場優勢

假設你是公司的核心幹部，現在必須從部屬當中選出一人擔任重要專案的企劃組長。或許你心中已列出許多選拔基準，甚至包括在不知覺當中會受到影響的重要因素——那就是部屬的「身高」。

由於高個子總是讓人覺得值得信任，因此會想要拔擢他們擔任專案組長。與顧客的相處也是如此，看起來很可靠的感覺會讓身材高挑者更加容易建立人脈。無論是男性或女性，高個子在很多方面都具有優勢。

讀者當中一定也有因為個子嬌小而感到自卑的人，雖然我不太想這樣說，但是從心理學的研究資料來看，身材高挑在職場上顯然非常佔優勢。

佛羅里達大學（University of Florida）賈基（Judge, J. A.）曾陸續收集探討身高與收入關聯性的心理學論文，他總共分析了四十五篇論文，從結果

可看出「身高較高，收入也較高」的傾向。

他更進一步收集八五九〇人的資料，並調查身高及收入的關聯性。從結果中得知，身高每高一吋（約二．五公分），年收入約多出七八九美元。換句話說，相較於一六五公分的人，身高一八三的人年收入會多出五六八〇美元，三十年後兩者的年收入差異將達到數十萬美元之多。

或許你認為身材高挑對工作比較有利的說法，只是針對模特兒界的現象，然而現況似乎並不是如此。即使是極為普通的產業，高個子在面對工作時確實更加順心如意。

當然，我不認為這個研究結果能夠原封不動套用在我們國家，不過仍可說是一份頗耐人尋味的結論。

以我自己身旁的人來看，事業一帆風順之人的確都是高個子；工作接連不斷，頗受歡迎的自由撰稿人，他的身高也超過一八〇。

不管是一公分或兩公分，建議最好是盡可能讓自己顯得挺拔。光是經常保持抬頭挺胸，就可以讓你看起來高兩公分左右。希望大家記得，彎腰駝背不僅使人顯得較矮，也會對工作造成不良影響。

因此，為了達到前述目的，各位可試著挑選厚底的鞋子，盡量讓自己看起來挺拔，同時養成抬頭挺胸的生活習慣！

POINT

駝背不僅讓人顯得較矮，也會影響工作！

民眾投票選誰，操控潛意識能影響

請各位思考一下，每當選舉時我們是以什麼標準來決定該投給誰呢？依一般常識而言，應該是以「政策」或「理念」判斷候選人是否適任，但事實上並非如此——我們有可能是以更「單純」的基準做出決定。

其中之一就是「身高」，我們傾向選擇個子高的候選人。這是因為這種人「看起來有領導者的樣子」，讓人感覺「能力很強」的緣故。

「咦？終究是選出民意代表，應該不至於用身高決定吧？」、「畢竟是選舉，判斷的基準不會如此簡單吧？」或許很多讀者會出現上述疑問，但是實際上就是如此。

加拿大凱波布蘭頓大學（Cape Breton University）史都華・馬肯（McCann, S. J. H.）曾經分析過一八二四年至一九九二年為止的美國總統大選（由於一八二四年之前並非採取普選制度，故未納入分析）。

分析資料清楚顯示，每屆的選舉結果的確是身高較高的候選人比較容易當選。而根據馬肯的推論，或許是因為從社會、經濟面而言，大家認為高的人看起來比較強壯，似乎「較具有實力」。

據說在貓的世界也是「臉大的貓」比較容易成為老大——當遇見其他貓咪同類時，通常都會威嚇打架，而獲勝機會較高的通常都是大臉貓。不只是貓咪，像是獅子、老虎等貓科動物似乎也是如此。

因此人類世界也有類似情況，相異之處在於人們不是以「臉部大小」而是以「身高」做為判斷基準，「高個子」獲勝機會較高。

人的外型即占了整體印象九成，外觀在無意識當中產生很大的影響，我們甚至光靠外表就判斷候選人身為政治家的資質或執行力。當然絕對不是個子矮小便代表能力差，但為了降低心理層面的影響，只需花點心思不讓自己顯矮，即便身材嬌小也能成為領導者。

雖然希特勒的個頭不高，但他為了讓自己看起來顯得高大，特別請專業攝影師由下往上拍照；在公眾面前出現時，也盡可能站在較高的講台上。

拿破崙也是屬於矮個子，因此他經常騎在馬背上，不讓自己顯得矮小。

透過這些小巧思，能將這種影響因子降至最低。

POINT

選民在無意識當中會以「身高」選擇候選人。

人們習慣以貌選人，外表打理好幫助大

選舉時，除了「身材高挑」之外，另一項會影響選民抉擇的因素就是「容貌」。

我們偏好選擇相貌較佳的人，換句話說就是會將選票投給帥哥美女。這是因為**一般人都認為長相好看的人「個性好」或「具備執行力」**等，即使這些特質與容貌並無關聯，仍能獲得較佳評價，這就是所謂的「月暈效應」（Halo Effect），擁有帥氣臉龐或美貌在很多方面較佔優勢。

美國東肯塔基大學（Eastern Kentucky University）的卡蘿・席格曼（Sigelman, C. K.）從幾個州政府的名冊中取得參加市長、鎮長競選的男性及女性候選人大頭照。

她先將容貌魅力分為高、中、低三種分數，接著找來完全不認識這些候

選人的受試者，請他們針對每位候選人的外表加以評分，接著更進一步詢問受試者：「如果你是選民，會投票給這位候選人嗎？」分析結果如下所示：

從下方數據可明顯看出，容貌魅力被評為「高分」的候選人，獲得選票的可能性就越高，此項實驗結果並無男女之分。

倘若候選人長相不佳，選民也會猶豫是否投票給他：「那位候選人喔！感覺有點不ＯＫ……。」無論他提出多麼優秀的政策，仍有可能因為長得醜使得選民三心二意。

以心理學而言，最容易當選的應該就是長相最帥氣或是最可愛的候選人，而這項推論是否準確，請各位下次不妨留意參與選戰的候選人「長相」，進而推

魅力程度／得票率	高	中	低
男性候選人	53%	43%	31%
女性候選人	47%	29%	37%

測準確率大概會是多少。

漂亮帥氣的外表可以彌補許多其他不利因素，像是甘迺迪與尼克森競選美國總統時，對於擁有實務經驗的尼克森而言，這是一場有絕對勝算的選戰，但最後卻輸給了甘迺迪。一般認為甘迺迪之所以會勝選是因為他的長相帥氣，擁有個人魅力的緣故。

雖然大家常說「男人不是靠臉吃飯」、「女人不是以外貌取勝」，然而事實上我們的容貌具有很大的影響力。「外表決定一切」、「我們就是會以貌取人」或許這才是正確的說法。

POINT

我們會以外表判斷他人個性或能力。

培養學識氣質，別人更會選擇信任

「這個人好像工作能力很強！」、「那個人應該頭腦很好吧！」有些人會在相遇的瞬間就給人上述的感覺。

但他並不一定是帥哥或美女，而是外表散發出「有本領、能力」的感覺——或許是眼睛炯炯有神，又或是說話時鏗鏘有力，總之就是看似具備才能的長相。

這種相貌的人也是參選時容易當選的類型嗎？雖然十分有這個可能性，但實際上真是如此嗎？

根據普林斯頓大學（Princeton University）亞歷山大．托多羅夫（Todorov, A.）表示，他曾經調查長相具備知性、看似有能力的候選人並預測其當選與否，其正確率高達六八．八％。

托多羅夫以候選人長相預測二〇〇四年的參議院選舉，正確率達六八．八%；再進一步看過二〇〇〇年及二〇〇二年的候選人長相後，預測那兩年當選者的正確率提升為七一．六%。

由此可知，長相看似有能力的候選人在參選時十分有利。因為這會使得他們看起來很可靠，讓選民能夠信任。

職場上也是如此，完全不閱讀、眼神呆滯，**看似遲鈍的樣貌會使人覺得無法妥善處理工作**，應該沒有人會想跟這種人一起工作吧！然而會建議大家多閱讀並不是因為我是出版界的一員，而是由於經常閱讀的人，臉上會散發出知性氣息。

平常有在閱讀的人跟完全不看書之人，我能夠立刻分辨出來——有讀書習慣的人，臉上會露出具有修養學識的神情；反之，很少看書的人則是給人狀似發呆、心不在焉的感覺。

近年的大學生幾乎不閱讀，即使看書也是翻閱那些十分簡單易懂的書籍。因此我覺得他們完全沒有散發出接受高等教育的知性氣息。閱讀不僅能夠增廣自己使用的語彙，面相也會隨之產生變化，所以我希望大家務必要培養這個習慣。

前述內容稍微偏離主題，讓我們言歸正傳。與其說選民會閱讀政見宣言，確實判斷各個候選人的政策或理念，其實他們都是光靠候選人的外表即斷定「可靠與否」、「是否具備能力」，這種可能性還比較高一些。

POINT

外表散發知性氣息、看似具備能力的候選人，越有機會勝選。

科學證明，姓名順耳易給人好印象

方才提到，當我們選擇候選人時，身高及容貌是重要的判斷依據，我想各位已經理解，我們就是用這種隨便又不可靠的方式來票選。但除此之外，便沒有其他因素了嗎？

事實上，我們有可能依據更奇怪的理由選擇候選人——那就是他的「姓名」。

我們竟然會依候選人姓名給自己的感覺，決定要將選票投給誰。當各位聽到這個說法時，我想應該有很多人會感到驚訝不已，不過事實的確就是如此。

美國肯塔基大學（University of Kentucky）克里斯·歐沙利文（O'Sullivan, C. S.）於「無意識投票」這份論文當中，實際證明人會光靠聽到語彙的感覺進行投票。

他捏造兩個虛構的姓名，一個是聽起來很順耳的「Mark Fairchild」（馬克・費爾柴爾德），另一個則是不太順耳的「George Sagmeister」（喬治・桑麥斯特）。接著將兩人的履歷設定為相同條件，並詢問受訪者：「請問您會投票給誰？」

實驗結果顯示，有四七％的人會投票給「Mark Fairchild」，但只有二三％的受訪者投給「George Sagmeister」。

由此可知，**聽起來順耳的姓名，越能夠給予他人良好的印象**，甚至能因此提高當選的可能性！

像是演藝圈有許多藝人在更換名字之後變得大紅大紫，可能是因為原先的藝名無法讓人留下深刻印象吧！

運動選手也是如此，例如「鈴木一朗」將名字的標示法改為「ICHIRO」之後便成功打開知名度，由此可知姓名的重要性。

說不定繼續專注於心理學研究，未來將能發現「容易當選的姓名」。對於立志成為政治家的人而言，與其思考推行何種政策，倒不如想想要以什麼名字參選，這也會是影響當選與否的重要因素。

POINT

姓名給人的感覺十分重要，可藉由改變名字轉變成良好印象。

專欄

人們選擇何種職務和外表長相有關

或許外表英俊的人也注意到自己是「散發魅力」、「屬於吸引他人目光的類型」。為何這樣說呢？外型俊俏的運動選手多半會擔任「明星」位置，正是知道自己受到眾人關注，因此偏好可成為鎂光燈焦點的地方！

以棒球為例，所謂的明星位置就是投手或三壘手，會選擇這類位置的球員多半都是帥哥。雖然這種說法不太好，但是二壘手或右外野手似乎多半是長相不佳的人。

以運動為故事主題的漫畫也是如此，英俊帥氣的男主角通常都是負責明星位置，以符合市場需求，很少有帥哥擔任不顯眼的位置，我想或許是因為這種橋段很難寫成故事的緣故吧！

不僅限於漫畫，現實世界亦然。位於荷蘭的格羅寧根大學（University of Groningen），由賈斯汀．帕克（Park, J. H.）等人組成研究團隊，他們從網路上隨機收集足球選手的大頭照，並請七十三位女大學生針對足球選手的外表魅力加以評分（滿分為十分），平均得分如下——

- **前鋒：四．五二**
- **守門員：四．四八**
- **前衛：四．一三**
- **後衛：四．〇七**

在足球賽中，較常進球得分的前鋒即是受人注目的明星位置，他們多半是相貌英俊的帥哥；其次就是守門員，他們也容易成為鎂光燈焦點，所以帥哥同樣很多！

順道一提，帕克等人針對冰球選手也曾進行相同實驗，亦得到類似的結果。外貌俊俏帥氣的人越偏好受人注目的明星位置，這是他們喜歡受人關注所做出的抉擇。

一般認為起初剛接觸運動項目時，應該不太會去考量位置的選擇，不過那只是長相平庸者的想法，英俊的人確實是有意識地挑選「受人關注的位置」。

說不定在職場也是如此，長相帥氣的人似乎偏好待在各家企業的明星部門，負責受人關注的職務。

結語

科學驗證的實例運用，不再選錯而懊悔

未曾思考過心理會對我們的日常行動或選擇所造成的影響，本書介紹了許多相關的案例供各位參考運用。

「啊！人會做出如此愚蠢的選擇嗎？」、「其實自己也常做一樣的事耶！」如果大家能透過此書享受閱讀的樂趣，身為作者的我將備感榮幸。本書盡可能以日常生活中會出現的情況為例，不管是誰都多少有關聯的話題，不知道在閱讀之後各位的感受又是如何？

雖然大家經常誤會，但是「心理學」這門學問並不只是解讀人心，為心中有煩惱的人提供諮詢而已。就如同本書的說明，心理學是把與人類行為有關的各種現象，藉由科學方式加以驗證的學問，是一門豐富多彩的學識，我認為這就是心理學有趣之處。

「哇！心理學原來是以如此獨特、有趣的方式進行研究啊！」這就是我想傳達給各位讀者的訊息。雖然我是以這種心情執筆撰寫本書，不知道是否有將自己的想法如實傳達給各位了嗎？

於撰寫本書之際，承蒙青春出版社prime涌光第一編輯部主任野島純子小姐多方關照，特此致上誠摯的謝意。

由於想從各個觀點廣泛地討論心理學，卻經常使得內容無法聚焦。透過野島小姐的編輯功力，才能讓內容前後連貫，因此本書閱讀起來淺顯易懂，一切都是拜野島小姐所賜，絕對不是因為筆者具備良好寫作技巧的緣故。

最後要向各位讀者致上感謝之意，能夠為大家提供有趣的心理學相關話題，即便只有一兩個也是身為作者的榮幸。期待有天能與各位在某處相遇，行文至此，就此擱筆。

內藤誼人

參考文獻

Abel, E. L. 2010 Human left-sided cradling preferences for dogs. Psychological Reports, 107,336-338.
Abel, E. L. & Kruger, M. L. 2007 Symbolic significance of initials on longevity. Perceptual and Motor Skills, 104,179-182.
Bath, J. A. 1967 Answer-changing behavior on objective examinations. The Journal of Educational Research,61, 105-107.
Bayliss, A. P., Paul., M. A., Cannon, P. R. & Tipper, S. P. 2006 Gaze cuing and affective judgments of objects: I like what you look at Psychonomic Bulletin & Review, 13, 1061-1066.
Bembenutty, H. 2009 Academic delay of gratification, self-efficacy, and time management among academically unprepared college students. Psychological Reports, 104, 612-623.
Brown, A. S., Bracken, E., Zoccoli, S. & Douglas, K. 2004 Generating and remembering passwords. Applied Cognitive Psychology, 18, 641-651.
Casasanto, D. 2009 Embodiment of abstract concepts: Good and bad in right-and left-handers. Journal of Experimental Psychology: General,138, 351-367.
Chandon, P. & Wansink, B. 2002 When are stockpiled products consumed faster? A convenience-salience framework of postpurchase consumption incidence and quality. Journal of Marketing Research,39, 321-335.
Chernev, A. 2003 When more is less and less is more: The role of ideal point availability and assortment in consumer choice. Journal of Consumer Research,30, 170-183.
Chernev, A. 2004 Extremeness aversion and attribute-balance effects in choice. Journal of Consumer Research,31, 249-263.
Cooper, P. A. & Maurer, D. 2008 The influence of recent experience on perceptions of attractiveness. Perception, 37, 1216-1226.
Denes-Raj, V. & Esptein, S. 1994 Conflict between intuitive and rational processing: When people behave against their better judgment. Journal of Personality and Social Psychology, 66, 819-829.
Eastwick, P. W. & Frinkel, E. J. 2008 Sex differences in mate preferences revisited: Do people know what they initially desire in a romantic partner? Journal of Personality and Social Psychology.94. 245-264.
Farkas, I., Helbing, D. & Vicsek, T. 2002 Social behaviour : Mexican waves in an excitable medium,. Nature,419, 131-132.
Folkes, V. & Matta, S. 2004 The effect of package shape on consumers’ judgments of product volume: Attention as a mental contaminant. Journal of Consumer Research,31, 390-401.

Forgus, R. H. & Hutchings, D. E. 1960 Effects of early experience on flavor preference. Psychological Reports,6, 410.
Fullard, W. & Reiling, A. M. 1976 An investigation of Lorenz's "Babyness". Child Development,47, 1191-1193.
Garcia, S. M., Tor, A. & Gonzalez, R. 2006 Ranks and rivals: A theory of competition. Personality and Social Psychology Bulletin,32, 970-982.
Guéguen, N. 2007 Bust size and hitchhiking: A field study. Perceptual and Motor Skills, 105, 1294-1298.
Hankins, N. E., Mckinnie, W. T. & Bailey, R. C. 1979 Effects of height, physique, and cranial hair on job-related attributes. Psychological Reports,45, 853-854.
Heywood, S. 1972 The popular number seven on number preference. Perceptual and Motor Skills,34, 357-358.
Hofmann, D. A., Lei, Z. & Grant, A. M. 2009 Seeking help in the shadow of doubt: The sensemaking processes underlying how nurses decide whom to ask for advice. Journal of Applied Psychology,94, 1261-1274.
Holland, R. W., Hendriks,M. & Aarts, H. 2005 Smells like clean spirit: Nonconscious effects of scent on cognition and behavior. Psychological Science, 16, 689-693.
Hoyer. W. D. & Brown. S. P. 1990 Effects of brand awareness on choice for a common, repeat-purchase product. Journal of Consumer Research, 17, 141-148.
Huber, O. & Kunz, U. 2007 Time pressure in risky decision-making: Effect on risk defusing. Psychology Science,49, 415-426.
Iyengar, S. S. & DeVoe, S. E. 2003 Rethinking the value of choice: Considering cultural mediators of intrinsic motivation. In V. Murphy-Berman and J. J. Berman(Eds.), Cross-cultural differences in perspectives on the self(vol.49, pp.129-174). Lincoln, NE: University of Nebraska Press.
Iyengar, S. S. & Lepper, M. R. 2000 When choice is demotivating: Can one desire too much of a good thing? Journal of Personality and Social Psychology,79, 995-1006.
Jackson, D., Engstrom, E. & Sommer, E. T. 2007 Think leader, think male and female: Sex vs seating arrangement as leadership cues. Sex Roles,57, 713-723.
Jonason, P. K., Raulston, T. & Rotolo, A. 2012 More than just a pretty face and a hot body: Multiple cues in mate-choice. Journal of Social Psychology, 152, 174-184.
Jones, A. L., Kramer, R. S. S. & Ward, R. 2012 Signals of personality and health: The contributions of facial shape, skin texture, and viewing angle. Journal of Experimental Psychology: Human Perception and Performance,38, 1353-1361.
Judge, T. A., Cable, D. M. 2004 The effect of physical height on workplace success and income: Preliminary test of a theoretical model. Journal of Applied Psychology,89, 428-441.
Kahneman, D. & Tversky. A. 1984 Choices, values, and frames. American Psychologist,39, 341-350.
King, D. & Janiszewski, C. 2011 The sources and consequences of the fluent processing of numbers. Journal of Marketing Research,48, 327-341.

Kruger, J. & Evans, M. 2009 The paradox of Alypius and the pursuit of unwanted information. Journal of Experimental Social Psychology,45, 1173-1179.

Kubovy, M. & Psotka, J. 1976 The predominance of seven and apparent spontaneity of numerical choices. Journal of Experimental Psychology: Human perception and performance,2, 291-294.

Lawler, T. P. & Lawler, F. H. 2011 Left-handedness in professional Basketball: Prevalence. performance, and survival. Perceptual and Motor Skills,113, 815-824.

Levin, J. & Arluke, A. 1985 An exploratory analysis of sex differences in gossip. Sex Roles,12, 281-286.

Lucas, M., Koff, E., Grossmith, S. & Migliorini, R. 2011 Sexual orientation and shifts in preferences for a partner's body attributes in short-term versus long-term mating contexts. Psychological Reports,108, 699-710.

Magee, J. C. Gaiinsky, A. D. & Gruenfeld, D. H. 2007 Power, propensity to negotiate, and moving first in competitive interactions. Personality and Social Psychology Bulletin,33, 200-212.

McCann, S. J. M. 2001 Height, societal threat, and the victory margin in presidential election(1824-1992). Psychological Reports,88, 741-742.

Miller, A. R. 1969 Analysis of the Oedipal complex. Psychological Reports,24, 781-789.

Mischel, W., Shoda, Y. & Rodriguez. M. L. 1989 Delay of gratification in children. Science,244, 933-938.

Mohr, C., Thut, G., Landis, T. & Brugger, P. 2003 Hands, arms and minds: Interactions between posture and thought. Journal of Clinical and Experimental Neuropsycholo, 25, 1000-1010.

Morell, M. A., Twillman, R. K. & Sullaway, M. E. 1989 Would a type A date another type A? : Influence of behavior type and personal attributes in the selection of dating partners. Journal of Applied Social Psychology, 19, 918-931.

Newman, M. C. & Willis, F. N. 1993 Bright cars and speeding tickets. Journal of Applied Social Psychology,23, 79-83.

O'Sullivan, C. S., Chen, A., Mohapatra, S., Sigelman. L.& Lewis, E. 1988 Voting in ignorance: The politics of smooth-sounding names. Journal of Applied Social Psychology, 18,1094-1106.

Padgett, V. R. & Jorgenson, D. O. 1982 Superstition and economic threat: Germany, 1918-1940. Personality and Social Psychology Bulletin,8, 736-741.

Park, J. H., Buunk, A. P. & Wieling, M. B. 2007 Does the face reveal athletic flair? Positions in team sports and facial attractiveness. Personality and Individual Differences,43, 1960-1965.

Pelham, B. W., Mirenberg, M. C. & Jones, J. T. 2002 Why Susie sells seashells by the seashore: Implicit egotism and major life decisions. Journal of Personality and Social Psychology,82, 469-487.

Raghubir, P. & Krishna, A. 1999 Vital dimensions in volume perception: Can the eye fool the stomach? Journal of Marketing Research,36, 313-326.

Raghubir, P. & Valenzuela, A. 2006 Center-of-inattention: Position biases in decision-making. Organizational Behavior and Human Decision Processe,99, 66-80.

Redelmeier, D. A. & Tibshirani, R. J. 1999 Why cars in the next lane seem to go faster. Nature,401, 35.
Read, D. & van Leeuwen, B. 1998 Predicting hunger: rhe effects of appetite and delay on choice. Organizational Behavior and Human Decision Processes,76, 189-205.
Reno, R. R., Cialdini, R. B. & Kallgren, C. A. 1993 The transsituational influence of social norms. Journal of Personality and Social Psychology,64, 104-112.
Roy, M. M. & Christenfeld, N. J. S. 2004 Do dogs resemble their owners? Psychological Science, 15, 361-363.
Segal, M. W. 1974 Alphabet and attraction: An unobtrusive measure of the effect of propinquity in a field setting. Journal of Personality and Social Psychology,30, 654-657.
Shepperd, J. A. & Strathman, A. J. 1989 Attractiveness and height: The role of stature in dating preference, frequency of dating, and perceptions of attractiveness. Personality and Social Psychology Bulletin,15, 617-627.
Sigelman, C. K., Sigelman, L.,Thomas, D. B. & Ribich, F. D. 1986 Gender, physical attractiveness, and electability: An experimental investigation of voter biases. Journal of Applied Social Psychology, 16, 229-248.
Sharpe, K. M., Staelin, R. & Huber, J. 2008 Using extremeness aversion to fight obesity: Policy implications on context dependent demand. Journal of Consumer Research,35, 406-422.
Simon, W. E. 1971 Number and color responses of some college students: Preliminary evidence for a "Blue Seven phenomenon". Perceptual and Motor Skills,33, 373-374.
Thomas, M. & Morwitz, V. 2005 Penny wise and pound foolish: The left-digit effect in price cognition. Journal of Consumer Research,32, 54-64.
Todorov, A., Mandisodza, A. N., Goren, A. & Hall, C. C. 2005 Inferences of competence from faces predict election outcomes. Science,308, 1623-1626.
Webley, P. & Siviter, C. 2000 Why do some owners allow their dogs to foul the pavement? The social psychology of a minor rule infraction. Journal of Applied Social Psychology,30, 1371-1380.
Whissell, C. 2006 Emotion in the sounds of pets'names. Perceptual and Motor Skills, 102. 121-124.
Worchel, S., Lee, J. & Adewole, A. 1975 Effects of supply and demand on ratings of object value. Journal of Personality and Social Psychology,32, 906-914.
Zajonc, R. B., Adelmann, P. K., Murphy, S.T. & Niedenthal, P. M. 1987 Convergence in the physical appearance of spouses. Motivation and Emotion,11, 335-346.
Zebrowitz, L. A., Olson, K. & Hoffman, K. 1993 Stability of babyfaceness and attractiveness across the life span. Journal of Personality and Social Psychology,64, 453-466.
Ziyagil, M. A., Gursoy, R., Dane, S. & Yuksel, R. 2010 Left-handed wrestlers are more successful. Perceptual and Motor Skills, 111,65-70.

選擇心理學，教你做對每個決定

60則生活實例運用，不再選錯而懊悔

人はなぜ、「そっち」を選んでしまうのか

作　　者　內藤誼人
譯　　者　駱香雅

總 編 輯　鄭明禮
責任主編　楊善如
業務主任　劉嘉怡
業務行銷　龐郁男
會計行政　謝蕙青

封面設計　李東記

出版發行　方言文化出版事業有限公司
劃撥帳號　50041064
電話／傳真　（02）2370-2798／（02）2370-2766

定　　價　新台幣280元，港幣定價93元
初版一刷　2017年2月23日
ISBN　978-986-94137-5-6

國家圖書館出版品預行編目(CIP)資料

選擇心理學，教你做對每個決定：60則生活實例運用，不再選錯而懊悔／內藤誼人作；駱香雅譯. -- 初版. -- 臺北市：方言文化, 2017.02　面；　公分
譯自：人はなぜ、「そっち」を選んでしまうのか

ISBN 978-986-94137-5-6（平裝）

1.應用心理學

177　　106001128

方言文化